Tanja Bühler/Erwin Graf

Sinnesorgan Auge

Lernen an Stationen im Biologieunterricht

Mit Kopiervorlagen und Experimenten

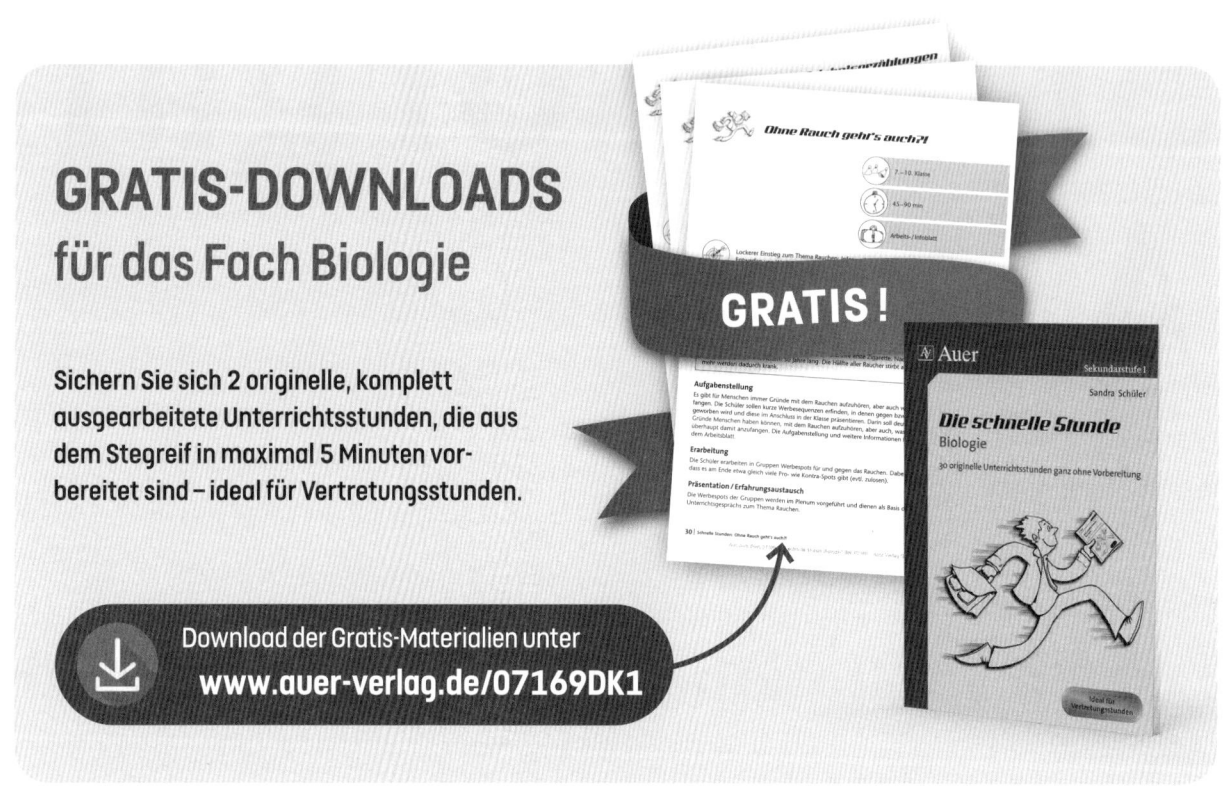

Gedruckt auf umweltbewusst gefertigtem, chlorfrei gebleichtem
und alterungsbeständigem Papier.

6. Auflage 2018
Nach den seit 2006 amtlich gültigen Regelungen der Rechtschreibung
© Auer Verlag
AAP Lehrerfachverlage GmbH, Augsburg
Alle Rechte vorbehalten
Das Werk und seine Teile sind urheberrechtlich geschützt. Jede Nutzung in anderen als den gesetzlich
zugelassenen Fällen bedarf der vorherigen schriftlichen Einwilligung des Verlages. Hinweis zu § 52 a
UrhG: Weder das Werk noch seine Teile dürfen ohne eine solche Einwilligung eingescannt und in ein
Netzwerk eingestellt werden. Dies gilt auch für Intranets von Schulen und sonstigen Bildungseinrichtungen.
Illustrationen: Malte Müller
Satz: krauß-verlagsservice, Augsburg
Druck und Bindung: Aubele Druck GmbH, Kempten
ISBN 978-3-403-**04472**-7

www.auer-verlag.de

Inhalt

Hinweise für die Lehrkraft: Unterrichtsziele – Lernziele – Schwerpunkte 4

Empfehlungen für die Planung und Durchführung 6

Übersicht über die Stationen 8

Hinweise für die Schülerinnen und Schüler 9

Laufzettel für die Stationen „Sinnesorgan Auge" 10

Test zum „Sinnesorgan Auge" 11

Station 1: Orientierung, ohne zu sehen? 13

Station 2: Wie blinde Menschen lesen 14

Station 3: Die äußeren Teile des Auges 16

Station 4: Die Schutzeinrichtungen des Auges 17

Station 5: Die Tränenflüssigkeit und ihre Bedeutung 19

Station 6: Der Aufbau des Auges 21

Station 7: Farben sehen 24

Station 8: Wie entsteht ein Bild auf der Netzhaut? 27

Station 9: Die Wahrnehmung von Bildern 29

Station 10: Die Pupillenreaktion 31

Station 11: Der Nahpunkt 33

Station 12: Wie wir verschieden weit entfernte Dinge scharf sehen 34

Station 13: Sehfehler 35

Station 14: Räumliches Sehen 38

Station 15: Der blinde Fleck 39

Station A: RICHTIG oder FALSCH? 40

Station B: Schüttelwörter und Silbenrätsel 41

Station C: Stehende und laufende Bilder 42

Station D: Können Einzeller sehen? 43

Station E: Wie verschiedene Tiere sehen 45

Station F: Triangolon-Rätsel 47

Station G: Spiralrätsel 49

Lösungen 51

Bildnachweis 63

Hinweise für die Lehrkraft: Unterrichtsziele – Lernziele – Schwerpunkte

„Das Auge hat sein Dasein dem Lichte zu danken. Aus gleichgültigen tierischen Hülfsorganen ruft sich das Licht ein Organ hervor, das seines gleichen werde; und so bildet sich das Auge am Lichte fürs Licht, damit das innere Licht dem äußeren entgegentrete."

Johann Wolfgang von Goethe (1749–1832)

Der Mensch ist ein „Augentier" – das Auge wird allgemein als das wichtigste Sinnesorgan des Menschen angesehen. Wie ein Großteil der Tiere erhält auch der Mensch durch das Licht wichtige Informationen über seine Umwelt. Deshalb ist es nicht verwunderlich, dass blinden Menschen in der Regel weit mehr Mitgefühl zuteil wird als Menschen, die vollständig oder weitgehend gehörlos sind oder die Fähigkeit des Riechens oder Schmeckens verloren haben.

Während bei vielen Einzellern das gesamte Zellplasma lichtempfindlich ist, haben sich bei Vielzellern spezialisierte Zellen mit hoher Lichtempfindlichkeit herausgebildet. Diese Lichtsinneszellen (Sehzellen) sind im einfachsten Fall über den ganzen Körper verteilt einzeln in die Haut eingelassen und ermöglichen eine Hell-Dunkel-Wahrnehmung, wie dies beispielsweise beim Regenwurm (*Lumbricus terrestris*) der Fall ist.

Bei höher entwickelten Organismen sind Lichtsinnesorgane ausgebildet, in denen die Sinneszellen durch spezielle Pigmentzellen (Farbstoffzellen) einseitig gegen Lichteinfall abgeschirmt werden. Für eine Abbildung der Umwelt in den Sinnesorganen sorgen optische Apparate (beim menschlichen Auge z.B. Hornhaut, Linse, Pupille, Glaskörper). Darüber hinaus enthalten Lichtsinnesorgane auch Nervenzellen, die die Erregungen der Sinneszellen bereits im Auge vorverarbeiten und somit entsprechend aufbereitete Informationen über den Sehnerv an das Gehirn weiterleiten.

Unter dem Begriff „Licht" fassen wir den Teil der elektromagnetischen Schwingungen zusammen, der zwischen kurzwelliger UV-Strahlung und langwelliger Radiostrahlung liegt. Die Wellenlängen der für den Menschen sichtbaren Strahlung liegen zwischen ca. 350 nm (violett) und 750 nm (rot). Zahlreiche Insekten wie zum Beispiel die Honigbienen (*Apis mellifera*) können auch Wellenlängen unter 350 nm (ultraviolett) sehen, während manche Schlangen wie zum Beispiel die heimische Kreuzotter (*Vipera berus*) Wellenlängen über 800 nm (infrarot) wahrnehmen können.

Alle Objekte reflektieren in Abhängigkeit von ihrer physikalischen und chemischen Natur das auf sie auftreffende Licht mehr oder weniger stark: Bestimmte Frequenzbereiche des Lichtes werden absorbiert, andere hingegen reflektiert. Unsere Augen messen und verarbeiten die Zusammensetzung und Intensität des Lichts. Infolge des komplexen Zusammenspiels von Augen und Gehirn sind wir in der Lage, nicht nur eine Vielfalt von Farben, sondern auch Helligkeitsnuancen zu unterscheiden sowie beispielsweise Entfernungen abzuschätzen.

Fachliche und fächerübergreifende Zielsetzungen

Zentrales Anliegen eines zeitgemäßen Biologieunterrichts ist es, junge Menschen zu befähigen, sich selbst und die belebte und unbelebte Mitwelt differenziert zu erkennen und ethisch verantwortlich zu handeln. Dazu ist es auch erforderlich, den eigenen Organismus zu kennen und um dessen erstaunliche Leistungen zu wissen.

Das Sinnesorgan Auge ist für viele Jugendliche auf den ersten Blick etwas Selbstverständliches und wenig Fragwürdiges. Da die meisten unter ihnen keine Augenprobleme haben und auch keine Sehhilfen tragen, werden sie sich bisher kaum Fragen über die Funktionsweise ihrer Augen gestellt haben. Lediglich die Schülerinnen und Schüler, die Kontaktlinsen oder eine Brille tragen bzw. an Heuschnupfen leiden, nehmen das Auge stärker zur Kenntnis – wenn auch nur in einzelnen Aspekten.

Allerdings zeigen die unterrichtspraktischen Erfahrungen, dass sich Schülerinnen und Schüler der Sekundarstufe I für das Auge als Sinnesorgan besonders interessieren bzw. sich für diese Thematik, die eine hohe subjektive Relevanz besitzt, leicht motivieren lassen, wenn folgende Aspekte im Unterricht beachtet werden:
- Erstaunliches und Selbstverständliches zum Problem werden lassen;
- selbstständiges, weitestgehend selbst gesteuertes Lernen ermöglichen;
- Schülerversuche einplanen und problemlösend experimentieren;
- eine anregende Lernumwelt („Lernarrangements") schaffen;
- positiv besetzte soziale Arbeits- und Lernformen berücksichtigen;
- einen klaren Orientierungsrahmen vorgeben, innerhalb dessen der Frei- und Spielraum individuell und sozial gestaltet sowie eigenverantwortlich genutzt werden kann.

Das Auge ist nicht nur aus der Perspektive der Biologie, sondern auch aus der Perspektive der Physik (z. B. Strahlengang, Lichtbrechung) und der Chemie (z. B. Nachtblindheit, Farbensehen) eine für die Schülerinnen und Schüler immer wieder faszinierende Thematik mit hoher Gegenwarts- und Zukunftsrelevanz sowie von großer exemplarischer Bedeutung. Zudem kann das Auge erst in seinem komplexen Zusammenspiel mit dem Gehirn in seiner Spezifität und seinen erstaunlichen Leistungen erfasst werden.

Unterrichtsziele, Bildungsstandards und Kompetenzen

Die Lernziele der vorliegenden Stationenarbeit „Sinnesorgan Auge" sind primär für die Klassenstufen 8 bis 10 der weiterführenden Schularten konzipiert. Zum Erreichen der entsprechenden Bildungsstandards und Kompetenzen sind folgende Ziele besonders hervorzuheben:

Die Jugendlichen sollen:
- wichtige Teile des Auges sowie deren Bedeutungen und Funktionen kennenlernen;
- zielorientiertes, problemlösendes Experimentieren, sorgfältiges Protokollieren und systematisches Ableiten von Erkenntnissen üben;
- lernen, innerhalb eines abgesteckten Rahmens und in angemessener Zeit bestimmte Aufgaben zu erledigen;
- weitgehend selbstständig das eigene Lernen am Thema Auge organisieren und verantworten;
- konstruktives Arbeiten in Kleingruppen üben;
- die selbstständige Kontrolle der eigenen Ergebnisse üben.

Die beim Stationenlernen zu erwerbenden Kompetenzen liegen demnach sowohl im fachlichen, instrumentell-methodischen als auch im sozial-kommunikativen Bereich. Darüber hinaus spielen übergeordnete Fähigkeiten wie vernetzendes, problemlösendes Denken und ethisch verantwortliches Handeln eine besondere Rolle.

Wird die Thematik „Auge" im klassischen Biologieunterricht ohne Berücksichtigung des Stationenlernens bearbeitet, so können die Kopiervorlagen für die einzelnen Stationen auch gewinnbringend in den problem- und handlungsorientierten Klassenunterricht integriert werden. Viele der vorgeschlagenen, direkt kopierfähigen Vorlagen in diesem Band eignen sich gleichsam für Anwendungs- und Vertiefungsphasen, zur Differenzierung und Individualisierung des Unterrichts (z. B. arbeitsgleiche oder arbeitsteilige Gruppenarbeit), zur Förderung des selbstständigen Lernens und Präsentierens unter Nutzung der Jigsaw-Methode (Gruppenpuzzle), als vor- oder nachbereitende Hausaufgaben sowie zur Vorbereitung von Lernzielkontrollen.

Empfehlungen für die Planung und Durchführung

Vorbereitung
Zur Vorbereitung der Arbeit an Stationen sollten die Arbeits- und Informationsblätter kopiert und bei den betreffenden Stationen in der entsprechenden Stückzahl für die Schülerinnen und Schüler bereitgelegt werden. An den einzelnen Stationen sollten zudem die benötigten Materialien zur Verfügung stehen.*

Vorab ist mit der Klasse sinnvollerweise zu klären,
- in welchen **sozialen Gruppierungen** gearbeitet werden kann bzw. soll (z. B. Partnerarbeit mit selbst gewähltem/gewählter Mitschüler/-in, Arbeit in Dreiergruppen etc.),
- wie viele Stationen insgesamt bzw. welche Stationen **Pflichtstationen** und welche/wie viele **Wahlstationen** verbindlich sind,
- wie viel **Unterrichtszeit** insgesamt zur Verfügung steht,
- wie die **Protokollierung** der erarbeiteten Ergebnisse erfolgen soll.

Die Schülerinnen und Schüler sollten alle Arbeits- und Informationsblätter, evtl. zusätzlich benötigte Blätter für die Lösung der Aufgaben sowie den Laufzettel und die „Hinweise für die Schülerinnen und Schüler" in einer **Sammelmappe** abheften.

Ferner sollten sie vor Beginn der eigentlichen Stationenarbeit einen orientierenden **Überblick über die Themenbereiche** der einzelnen Stationen erhalten, damit auch ihren Interessen und Bedürfnissen Rechnung getragen werden kann.

Um den **Lernfortschritt** der einzelnen Schülerinnen und Schüler während der Stationenarbeit feststellen zu können, erhalten sie vor Beginn der Arbeit an den Stationen zunächst den **Vortest** (s. Vorlage Seite 11), den sie in Einzelarbeit bearbeiten sollen und mit dessen Hilfe sie ihr Vorwissen zum Thema feststellen können. Der Vortest verbleibt bei dem jeweiligen Schüler bzw. der jeweiligen Schülerin und wird zunächst nicht korrigiert. Am Ende der Stationenarbeit erhalten die Schülerinnen und Schüler den zum Vortest identischen **Nachtest** zur individuellen (bzw. je nach Intention ggf. gemeinsamen) Bearbeitung. Den bearbeiteten Nachtest können die Schülerinnen und Schüler evtl. selbst korrigieren, sofern ein **Lösungsblatt** (s. Vorlage Seite 51) – ggf. kopiert als Overhead-Folie – mit dem Erwartungshorizont für die verschiedenen Aufgaben zur Verfügung gestellt wird.

Die Arbeit an den Stationen
Je nach didaktischen Intentionen, zur Verfügung stehender Unterrichtszeit, Interessen-

---

* Für Station G sollte die Lehrperson das Triangolonrätsel vorab auf Karton kopieren, auf die Rückseite das Kontrollbild kleben und anschließend entlang der Linien zerschneiden.

lage der Klasse etc. kann sich die Arbeit an den Stationen über einen Zeitraum von bis zu zehn und mehr Unterrichtsstunden erstrecken. Bei dieser offenen Unterrichtsform kommen der Lehrperson insbesondere die Aufgaben eines Beobachters, Diagnostikers, Beraters, Anregers und Moderators zu; die Schülerinnen und Schüler sollten die zu bearbeitenden Aufgaben möglichst selbstständig lösen, sich selbst kontrollieren und auch lernen, mit Fehlern umzugehen.

Abschluss

Am Ende der Arbeit an den Stationen darf auf eine **Lernerfolgs- bzw. Ergebnissicherung** und gemeinsame Vergewisserung über die korrekten Ergebnisse an den einzelnen Stationen auf keinen Fall verzichtet werden. Hierzu bieten sich verschiedene Möglichkeiten an, von denen einige im Folgenden genannt sind:
- Jeweils eine Arbeitsgruppe stellt die Ergebnisse einer bestimmten Lernstation vor.
- Die Ergebnisse jeder Lernstation werden in der Klasse besprochen und schriftlich festgehalten (z. B. an der Tafel oder im Heft).
- Der Erwartungshorizont für jede Station liegt offen aus, sodass die Schülerinnen und Schüler ihre Ergebnisse mit denen der Modelllösung vergleichen, ggf. korrigieren und komplettieren können.

Lösungen

Die Lösungen zu den einzelnen Stationen sind benutzerfreundlich in diesem Heft abgedruckt. Sie können sehr gewinnbringend als **Erwartungshorizont** der Lehrperson sowie zur **Schülerselbstkontrolle** eingesetzt werden. Sie können beispielsweise an zentraler Stelle im Klassen- oder Fachraum ausgelegt und so das selbstständige, eigenverantwortliche, ziel- und prozessgerichtete Lernen der Jugendlichen gezielt gefördert werden.

Literaturempfehlungen zum Stationenlernen „Sinnesorgan Auge"

Anton, M.A.: Erziehen und Sich-bilden – Lehren und Lernen – Didaktik und Mathematik. In: Lernwelten 5(2003)2, S. 73 ff. ◆ Bauer, J.: Erziehung als Spiegelung. Gibt es eine Neurobiologie der Schule? In: SchulVerwaltung 2007, H. 3, S. 4 ff. ◆ Betz, E., Reutter, K., Mecke, D., Ritter, H.: Biologie des Menschen. Wiesbaden 2002 ◆ Campbell, N. A., Reece, J. B.: Biologie. Heidelberg, Berlin 2003 ◆ Chott, P. O.: Lernen lernen – Lernen lehren. Weiden 2001 ◆ Graf, E. (Hrsg.): Biologiedidaktik. Donauwörth 2004 ◆ Meyer, H.: Was ist guter Unterricht? Berlin 2004 ◆ Schmidkunz, H.: Der gute Lehrer. In: Chemkon 8(2001)3, S. 125 ◆ Schmidt, R. F., Thews, G., Lang, F. (Hrsg.): Physiologie des Menschen. Berlin, Heidelberg, New York 2000 ◆ Singer, W.: Der Beobachter im Gehirn. Frankfurt 2002 ◆ Singer, W.: Was geschieht im Gehirn, wenn wir lernen? In: Sonderheft Schüler – Wissen für Lehrer, Friedrich Verlag, Seelze 2006, S. 22 ff. ◆ Spitzer, M.: Lernen. Berlin 2002 ◆ Wiater, W.: Vom Schüler aus unterrichten. Donauwörth 1999

Übersicht über die Stationen

Pflichtstationen

Station 1: Orientierung, ohne zu sehen?

Station 2: Wie blinde Menschen lesen

Station 3: Die äußeren Teile des Auges

Station 4: Die Schutzeinrichtungen des Auges

Station 5: Die Tränenflüssigkeit und ihre Bedeutung

Station 6: Der Aufbau des Auges

Station 7: Farben sehen

Station 8: Wie entsteht ein Bild auf der Netzhaut?

Station 9: Die Wahrnehmung von Bildern

Station 10: Die Pupillenreaktion

Station 11: Der Nahpunkt

Station 12: Wie wir verschieden weit entfernte Dinge scharf sehen

Station 13: Sehfehler

Station 14: Räumliches Sehen

Station 15: Der blinde Fleck

Wahlstationen

Station A: Richtig oder falsch?

Station B: Schüttelwörter und Silbenrätsel

Station C: Stehende und laufende Bilder

Station D: Können Einzeller sehen?

Station E: Wie verschiedene Tiere sehen

Station F: Triangolon-Rätsel

Station G: Spiralrätsel

Hinweise für die Schülerinnen und Schüler

Wichtige Hinweise:

1. Arbeitet an den Stationen sorgfältig und zügig in Partnerarbeit oder in Kleingruppen (je 3 bis 4 Schüler).
2. Unterstützt euch gegenseitig und versucht, die auftretenden Fragen und Probleme gemeinsam zu lösen. Kommt ihr dennoch bei bestimmten Aufgaben nicht weiter, so wendet euch an die Lehrperson.
3. Notiert (protokolliert) eure Ergebnisse übersichtlich, vollständig und optisch ansprechend.
4. Führt die Versuche sorgfältig und vorsichtig durch.
5. Füllt beim Verlassen jeder Station den Laufzettel aus.
6. Zeichnet stets mit einem spitzen Bleistift mittlerer Härte (HB).
7. Heftet alle Arbeits- und Informationsblätter sowie zusätzlich verwendete Blätter, den Laufzettel und die vorliegende Seite in einer Sammelmappe ab.
8. Verlasst nach der Arbeit an einer Station die Materialien der Station so, dass die nächste Arbeitsgruppe gut und zügig an der Lernstation arbeiten kann.

... und nun viel Freude und Erfolg an den Stationen!

Laufzettel für die Stationen „Sinnesorgan Auge"

Name: _____ Klasse: _____ Datum: _____

Pflichtstationen sind: _____

Insgesamt zur Verfügung stehende Unterrichtszeit: _____ Unterrichts-/Zeitstunden

Station	Datum	Dauer (in Min.)	Zusammenarbeit mit …	Bemerkungen	Kontrolle
1					
2					
3					
4					
5					
6					
7					
8					
9					
10					
11					
12					
13					
14					
15					
A					
B					
C					
D					
E					
F					
G					

Test zum „Sinnesorgan Auge" *Teil 1*

Name: _____ Klasse: _____ Datum: _____

◯ **Vortest**   Maximal erreichbare Punktzahl: **22**

◯ **Nachtest**   Erreichte Punktzahl: _____

1. Beschrifte die folgende Abbildung des Auges. (5 P.)

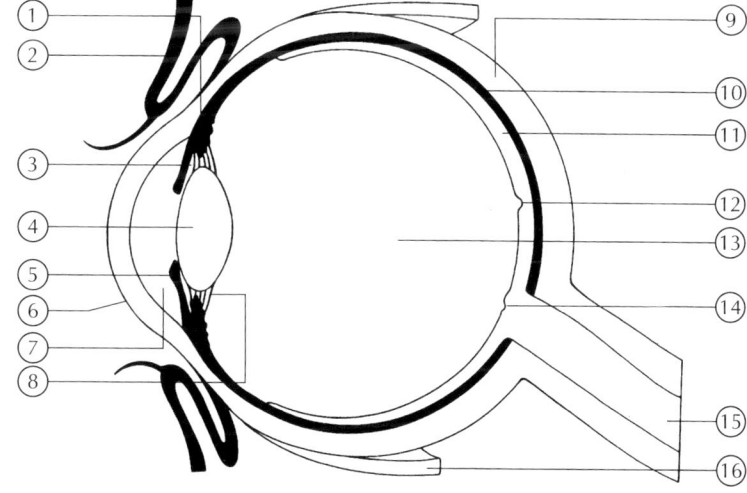

1 = _____	9 = _____
2 = _____	10 = _____
3 = _____	11 = _____
4 = _____	12 = _____
5 = _____	13 = _____
6 = _____	14 = _____
7 = _____	15 = _____
8 = _____	16 = _____

2. Wie nennt man die beiden Lichtsinneszellen-Typen beim Menschen? (2 P.)

_____   _____

3. Streiche die Begriffe, die nicht zum „optischen Apparat" des Auges gehören. (2 P.)

gelber Fleck — Hornhaut — Lederhaut — vordere Augenkammer —

Sehnerv — Pupille — Linse — blinder Fleck — Glaskörper

Test zum „Sinnesorgan Auge" — Teil 2

Name: _____ Klasse: _____ Datum: _____

4. Erkläre folgende Begriffe: (3 P.)

   Adaptation: _____
   _____

   Akkommodation: _____
   _____

   Blinder Fleck: _____
   _____

5. Warum sehen wir nachts „alle Katzen grau"? (3 P.)
   _____
   _____

6. Wie ist das Bild, das auf unserer Netzhaut entsteht? Und wie kommt es, (3 P.)
   dass wir dennoch unsere Umwelt „richtig" wahrnehmen?
   _____
   _____

7. Erkläre, weshalb uns beim (2 P.)
   Weinen die Nase „läuft".
   _____
   _____
   _____
   _____

8. Nenne zwei häufige Sehfehler. Welche Art von Linse wird jeweils (2 P.)
   zur Korrektur des Sehfehlers in die Brille eingesetzt?
   _____
   _____

Station 1: Orientierung, ohne zu sehen? *Arbeitsblatt*

Name: _____ Klasse: _____ Datum: _____

An dieser Station könnt ihr nachempfinden, wie es Menschen mit einer starken Sehbehinderung ergeht und wie sie sich dennoch orientieren können.

Arbeitsform: Partnerarbeit

Material: Augenbinde, Zeigestock

Aufgaben:

Hinweis: Wechselt bei den Versuchen jedes Mal die Rollen, damit jeder alle Fragen beantworten kann.

1. Die Versuchsperson bekommt die Augen verbunden und wird vom Versuchspartner an der Hand langsam und vorsichtig durch den Raum geführt. Anschließend beschreibt und notiert die Versuchsperson ihre Eindrücke.

   _____
   _____

2. Die Versuchsperson bewegt sich mit verbundenen Augen langsam im Raum, wobei der Versuchspartner hinter ihr geht und sie mit seinen beiden Zeigefingern an den Schultern vorsichtig führt. Die Versuchsperson hält ihre Empfindungen schriftlich fest und beschreibt anschließend dem Partner den zurückgelegten Weg.

   _____
   _____

3. Die Versuchsperson nimmt den Zeigestock zur Hand, bewegt sich mit verbundenen Augen vorsichtig durch den Raum und notiert dann ihre Eindrücke.

   _____
   _____

4. Wie sehen Blindenstöcke genau aus und woraus sind sie gemacht? Welche Vorteile hat das? Informiert euch hierzu im Internet.

   _____

Station 2: Wie blinde Menschen lesen — *Arbeitsblatt*

Name: _____ Klasse: _____ Datum: _____

Bekanntlich können auch blinde Menschen lesen – allerdings nicht mit den Augen, sondern mit den Fingerspitzen. Blinde Menschen benötigen fürs Lesen besonders aufbereitete Schriftstücke in der sogenannten Brailleschrift: Jeder Buchstabe wird dabei durch eine bestimmte Kombination von fühlbaren Punkten dargestellt. An dieser Station kannst du nachempfinden, wie man mithilfe dieser Schrift tastend lesen kann.

Arbeitsform: Einzelarbeit (oder Partnerarbeit)

Material: dunkles Tuch, Informationskarte zur Blindenschrift (auf dünnen Karton geklebt), Übersetzungshilfe, dicke Nadel, weißes Blatt Papier

Grundfigur des Alphabets in der Brailleschrift

Aufgaben:

1. a) Sieh dir die Informationskarte genau an. Stich dann mit einer dicken Nadel in jeden schwarzen Punkt so in die Karte, dass auf der Rückseite kleine Erhebungen entstehen.

   b) Drehe nun die Informationskarte um und breite ein dunkles Tuch über die vorbereitete Informationskarte.

   c) Lege die Übersetzungshilfe bereit.

   d) Ertaste nun mit einer Hand die einzelnen Buchstaben auf der Informationskarte und schreibe die ertasteten Punkte Buchstabe für Buchstabe mit einem Bleistift auf ein weißes Blatt. Hinweis: In jeder Zeile steht nur **ein** Wort.

   e) Entschlüssele nun deine Notizen mithilfe der Übersetzungshilfe. Vergleiche den entschlüsselten Text mit der Lösung.

2. Weshalb können blinde Menschen mithilfe der Brailleschrift fast genauso schnell lesen wie nicht blinde?

   _____
   _____
   _____

Anregung: Du kannst selbst einen kurzen Text in Brailleschrift verfassen und das Schriftstück entsprechend präparieren. Diesen Text kannst du von deinem Partner ertasten und dann übersetzen lassen.

Station 2: Wie blinde Menschen lesen
Informationskarte
Übersetzungshilfe

Informationskarte

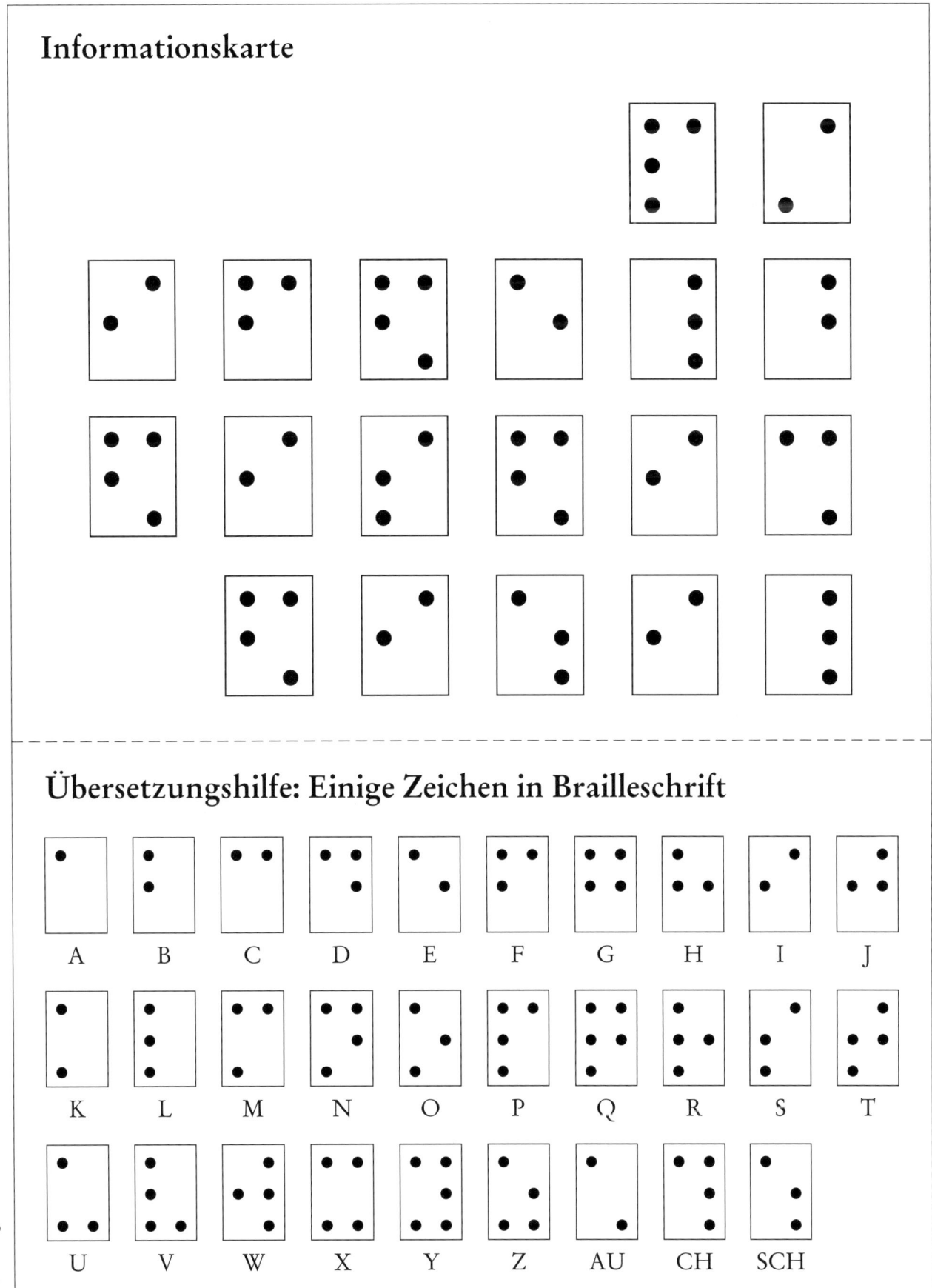

Übersetzungshilfe: Einige Zeichen in Brailleschrift

Station 3: Die äußeren Teile des Auges — *Arbeitsblatt*

Name: _____ Klasse: _____ Datum: _____

Arbeitsform: Partnerarbeit

Material: Bleistift (HB), Zeitungen/Zeitschriften, Internet

Aufgaben:

1. Betrachtet das Profil eures Partners, zeichnet den Augenbereich und beschriftet die Zeichnungen. Denkt auch an Nase, Augenbrauen, Wimpern usw.

Linkes Auge von der Seite	Linkes Auge von vorne

2. Die Augen, so sagt man, sind ein „Spiegel der Seele" und haben auf die Mitmenschen eine starke Signalwirkung, die durch entsprechende Mimik noch verstärkt werden kann. Beschreibt den Ausdruck der Gesichter auf den Fotos.

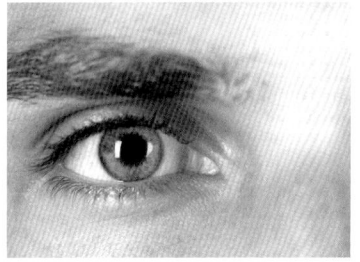 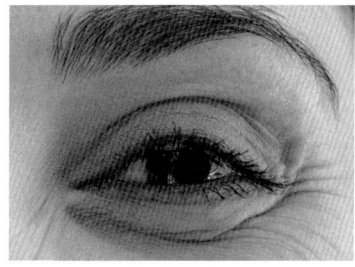 

3. Sucht in Zeitungen, Zeitschriften oder im Internet nach fünf Bildern von ausdrucksstarken Gesichtern. Beschreibt die Gesichtsausdrücke.

Station 4:
Die Schutzeinrichtungen des Auges *Arbeitsblatt*

Name: _____ Klasse: _____ Datum: _____

An dieser Station könnt ihr anhand von einfachen Versuchen erkennen, wie unsere Augen von Natur aus recht gut vor äußeren Einflüssen geschützt sind.

Arbeitsform: Partner- oder Gruppenarbeit

Material: Bleistift, Lineal, Kunststoffpipette, Papiertücher

Aufgaben:

1. Führt zu zweit die Versuche a) – c) durch und überlegt euch zu d) auf der Grundlage eigener Erfahrungen eine Antwort. Tragt die Ergebnisse auf dem Protokollblatt ein.

   a) Einer von euch klatscht vor den Augen des anderen in die Hände und beobachtet, wie seine Augen reagieren.

   b) Einer von euch hält sich die Augen drei Minuten lang mit den Händen so zu, dass er gar nichts sieht. Dann öffnet er die Augen wieder. Welche Augenreaktion kann der Partner beobachten?

   c) Einer von euch tropft mithilfe der Pipette wenige Tropfen Wasser auf verschiedene Stellen der Stirn des anderen. Dabei soll die Versuchsperson den Kopf möglichst aufrecht halten. Beobachtet, wohin die Tropfen fließen. Was könnt ihr daraus folgern?

   d) Wie reagiert unser Auge, wenn beispielsweise ein Staubkorn oder eine Fliege hineingelangt?

2. Wie könnt ihr eure Augen durch zusätzliche Hilfsmittel oder durch euer Verhalten schützen?

_____
_____

Station 4:
Die Schutzeinrichtungen des Auges *Protokollblatt*

Name: _____ Klasse: _____ Datum: _____

Ergebnisprotokoll

	Beobachtungen	Schutzfunktion
a)		
b)		
c)		
d)		

Station 5:
Die Tränenflüssigkeit und ihre Bedeutung *Arbeitsblatt 1*

Name: _____ Klasse: _____ Datum: _____

„Tränen lügen nicht", so sagt ein altes deutsches Sprichwort …
Tränen können sowohl Glück und Freude als auch Traurigkeit oder Schmerz zum Ausdruck bringen. Bei der Gesunderhaltung des Auges spielt die Tränenflüssigkeit ebenfalls eine große Rolle. An dieser Station könnt ihr erfahren, welche Bedeutung die Tränenflüssigkeit hat.

Arbeitsform: Partnerarbeit

Material: frische Zwiebel, Messer, Papiertücher, Spiegel, Biologiebücher, Lexika oder Internet

Aufgaben:

Hinweis: Wechselt bei den Versuchen jedes Mal die Rollen, damit jeder alle Fragen beantworten kann.

1. Die Versuchsperson soll die Augen möglichst lange geöffnet halten. Der Partner misst die Zeit und beobachtet die Augen der Versuchsperson.
   Notiert eure Ergebnisse in geeigneter Form (z. B. als Tabelle).

2. Schneidet ein Stück Zwiebel möglichst klein und zerdrückt es leicht. Was passiert mit euren Augen? Was lässt sich daraus ableiten?

Station 5:
Die Tränenflüssigkeit und ihre Bedeutung *Arbeitsblatt 2*

Name: _____ Klasse: _____ Datum: _____

3. Zieht eurer eigenes Augenlid vorsichtig etwas nach unten. Wenn ihr in den Spiegel schaut, könnt ihr zur Nase hin zwei kleine Öffnungen erkennen. Worum handelt es sich und welche Aufgabe haben sie?

   _____
   _____

4. a) Auf der Abbildung ist der Tränenapparat des Auges dargestellt. Beschriftet die Skizze durch Zuordnung der entsprechenden Zahlen:

   1   oberes Lid

   2   unteres Lid

   3   Tränendrüse

   4   Tränensack

   5   Tränennasengang

   6   oberes Tränenröhrchen

   7   unteres Tränenröhrchen

   8   oberes Tränenpünktchen

   9   unteres Tränenpünktchen

   b) Zeichnet mit Pfeilen die Fließrichtung der Tränenflüssigkeit ein.

5. Warum „läuft" die Nase, wenn man weint?

   _____
   _____

Station 6: Der Aufbau des Auges — *Arbeitsblatt 1*

Name: _____ Klasse: _____ Datum: _____

Arbeitsform: Einzelarbeit (oder Partnerarbeit)

Material: Modell des menschlichen Auges (Demonstrationsmodell aus der Biologiesammlung), Arbeitsblatt Auge, Biologiebücher

Aufgaben:

1. a) Schneide die Kärtchen mit den Bezeichnungen der Augenteile sowie die Kärtchen mit den Beschreibungen aus (Arbeitsblatt 3).

   b) Betrachte die Abbildung des Auges unten und ordne in der Tabelle auf dem Arbeitsblatt 2 die Kärtchen richtig zu.

   c) Prüfe dein Ergebnis mithilfe des Biologiebuches oder des Lösungsblattes und klebe erst dann die Kärtchen fest.

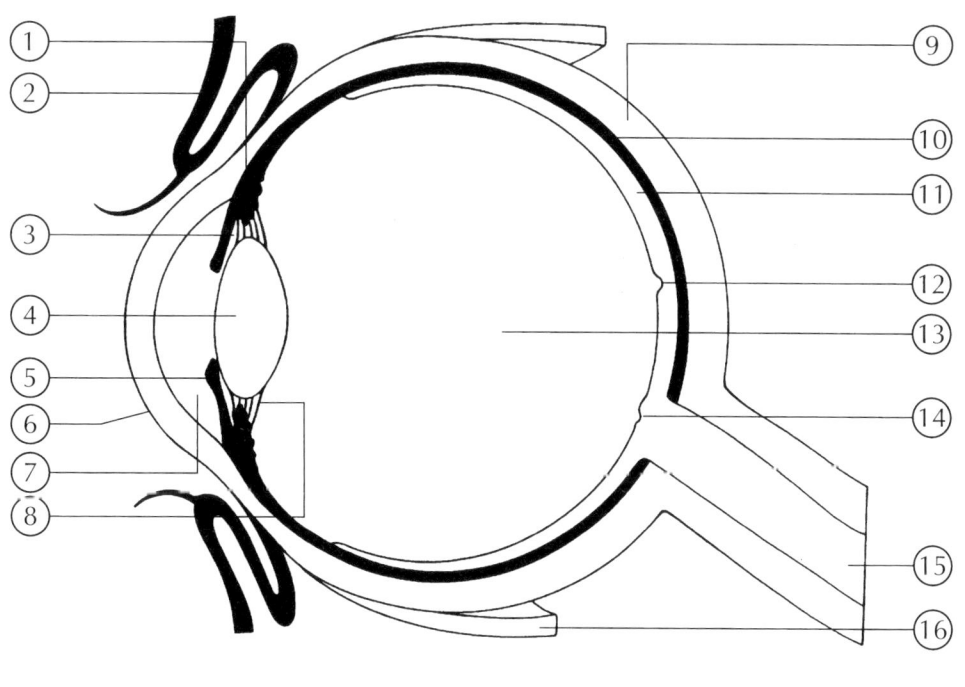

Station 6: Der Aufbau des Auges *Arbeitsblatt 2*

Name: _____ Klasse: _____ Datum: _____

Nr.	Teil des Auges	Beschreibung
1		
2		
3		
4		
5		
6		
7		
8		
9		
10		
11		
12		
13		
14		
15		
16		

2. Benenne die Teile des Auges, die zum sogenannten optischen Apparat gezählt werden. Das sind die Teile, durch die das Licht im Auge bis zur Netzhaut geleitet wird. Beginne mit der Hornhaut.

_____

Station 6: Der Aufbau des Auges *Arbeitsblatt 3*

Ausschneidekärtchen

blinder Fleck	Elastischer, durchsichtiger Körper, durch den das Licht gebrochen und geleitet wird
Linse	Augenblende, die den Lichteinfall reguliert
Sehnerv	Muskel zur Bewegung des Auges
Augenmuskel	Nervenfasern zur Leitung von Reizen (Informationen) vom Auge zum Gehirn
gelber Fleck	Mit Kammerwasser gefüllter Hohlraum *vor* der Iris
Lid	Mit Kammerwasser gefüllter Hohlraum *hinter* der Iris
Hornhaut	Besteht aus gallertartiger, durchsichtiger Substanz und verleiht dem Auge seine Form
Lederhaut	Mit Blutgefäßen durchzogene Haut, die das Auge mit Blut versorgt
Iris	Äußere Augenhaut im hinteren Bereich des Augapfels (weiß) zum Schutz des Auges
Ringmuskel	Stelle, an welcher der Sehnerv aus der Netzhaut austritt
Glaskörper	Verbindung der Linse mit dem Ringmuskel
hintere Augenkammer	Sitz der Lichtsinneszellen, die das Licht aufnehmen
vordere Augenkammer	Bewegliche Hautfalte zum Schutz des Auges
Linsenbänder	Muskel zur Regulierung der Nah- und Ferneinstellung
Netzhaut	Stelle in der Netzhaut, an der die Lichtsinneszellen am dichtesten sitzen
Aderhaut	Äußere Augenhaut im vorderen Bereich des Augapfels (durchsichtig), dient dem Schutz und der Lichtbrechung

Station 7: Farben sehen *Arbeitsblatt 1*

Name: _____ Klasse: _____ Datum: _____

Unsere Umwelt ist sehr farbenfroh – aber nicht zu jeder Tages- und Nachtzeit. An dieser Lernstation erfahrt ihr anhand von einfachen Versuchen, wann und wie wir verschiedene Farben sehen.

Arbeitsform: Partner- oder Kleingruppenarbeit

Material: Farbkärtchen (ca. 5 cm × 10 cm) in Schwarz, Grau, Blau, Grün und Rot; Pappe (40 cm × 80 cm), Schere, Biologiebuch, Biologielexikon oder Internet

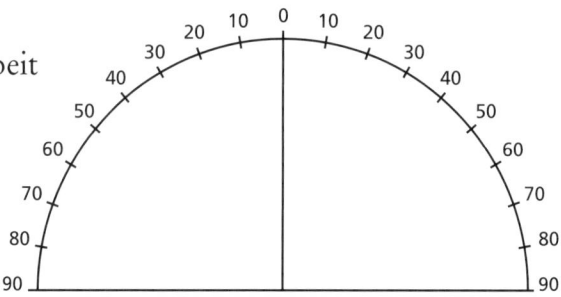

Vorbereitung:

- Lest den Informationstext „Die Lichtsinneszellen im menschlichen Auge" aufmerksam durch.
- Schneidet aus der Pappe einen Halbkreis mit einem Radius von ca. 40 cm aus.
- Markiert mithilfe des Geodreiecks die Mittellinie und dann nach links und nach rechts Linien in 10°-Schritten (s. Abbildung).
- Legt den Halbkreis so auf den Tisch, dass die gerade Seite mit der Tischkante abschließt.

Aufgaben:

1. a) Die Versuchsperson hält nun ein Auge zu und fixiert mit dem geöffneten Auge während des gesamten Versuchs den Endpunkt der Mittellinie. Das Auge sollte dabei auf Tischhöhe sein.

   b) Der Versuchspartner führt nun ein Farbkärtchen nach dem anderen langsam am Halbkreisrand von außen in Richtung Nulllinie.

   c) Sobald die Versuchsperson das Kärtchen sieht, sagt sie „jetzt". Sobald sie die Farbe des Kärtchens erkennt, nennt sie die Farbe. Die Grad-Werte werden für jedes Kärtchen im Ergebnisprotokoll (Arbeitsblatt 2) vermerkt.

   d) Wiederholt den Versuch nun mit dem anderen Auge und wechselt anschließend die Rollen.

   e) Wiederholt den Versuch im leicht abgedunkelten Raum.

Station 7: Farben sehen *Arbeitsblatt 2*

Name: _____ Klasse: _____ Datum: _____

Ergebnisprotokoll

		Heller Raum		Abgedunkelter Raum	
		Linkes Auge	Rechtes Auge	Linkes Auge	Rechtes Auge
Schwarz	Karte erkannt				
	Farbe erkannt				
Grau	Karte erkannt				
	Farbe erkannt				
Rot	Karte erkannt				
	Farbe erkannt				
Blau	Karte erkannt				
	Farbe erkannt				
Grün	Karte erkannt				
	Farbe erkannt				

2. Vergleicht die bei beiden Augen gemessenen Werte für die verschiedenen Farben. Was könnt ihr daraus ableitend über die Verteilung der verschiedenen Zapfentypen auf der Netzhaut sagen?

   _____

   _____

3. Vergleicht die Messwerte des im hellen und im abgedunkelten Raum durchgeführten Versuchs. Was könnt ihr daraus ableitend über die Lichtempfindlichkeit von Stäbchen und Zapfen sagen?

   _____

   _____

4. „Nachts sind alle Katzen grau." Was hat es mit dieser Redensart auf sich?

   _____

Station 7: Farben sehen   *Informationstext*

Die Lichtsinneszellen im menschlichen Auge

Die innere Augenhaut, die **Netzhaut (Retina)**, ist die lichtempfindliche Schicht in unserem Auge. Hier befinden sich etwa 125–130 Millionen Lichtsinneszellen (Fotorezeptoren), die Lichtreize aufnehmen.

Man unterscheidet zwei Arten von Sehzellen: die längeren, zylinderförmigen **Stäbchen** und die dickeren und kürzeren **Zapfen**.

Während die Stäbchen für die Hell-Dunkel-Wahrnehmung verantwortlich sind, dienen die Zapfen der Farbwahrnehmung.

Die Zapfen unterteilt man zudem in drei Untergruppen, die jeweils auf einen unterschiedlichen Bereich des Farbspektrums reagieren.
Die **S-Zapfen** sprechen auf Blau, die **M-Zapfen** auf Grün und die **L-Zapfen** auf Rot an. Die verschiedenen Farbeindrücke werden durch unterschiedliche Erregungsstärken der einzelnen Zapfentypen ausgelöst.

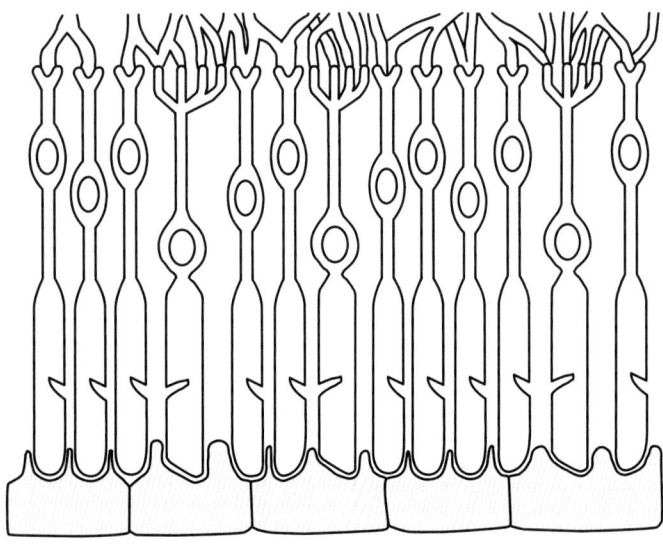

Auf der Netzhaut sind die Stäbchen und die verschiedenen Zapfentypen nicht gleichmäßig verteilt. In der Mitte der Netzhaut befindet sich ein Bereich mit einer besonders hohen Sehzellendichte. Dies ist die Stelle des schärfsten Sehens. Sie wird als **gelber Fleck** bezeichnet.

Abb.: Ausschnitt aus der Netzhaut (Stäbchen und Zapfen)

Station 8:
Wie entsteht ein Bild auf der Netzhaut? *Arbeitsblatt 1*

Name: _____ Klasse: _____ Datum: _____

Für uns Menschen ist das Auge ein Sinnesorgan von besonders großer Bedeutung, mit dessen Hilfe wir unsere Umwelt wahrnehmen und uns orientieren können. Wie mit einer Kamera nehmen unsere Augen Bilder auf.
An dieser Station könnt ihr nachvollziehen, wie Bilder in unseren Augen entstehen und wie sie weiterverarbeitet werden.

Arbeitsform: Einzelarbeit (oder Partnerarbeit)

Material: Lupe, weißes Blatt, Biologiebuch oder -lexikon

Aufgaben:

Hinweis: Die Versuche gelingen am besten, wenn der Raum etwas abgedunkelt und das Fenster sehr hell ist.

1. a) Halte eine Lupe mit ausgestrecktem Arm gegen ein helles Fensterkreuz und sieh durch die Lupe. Was erkennst du?

   _____

   _____

   b) Richte die Lupe wieder auf das Fensterkreuz und halte diesmal ein weißes Blatt Papier so zwischen dich und die Lupe, dass ein scharfes Bild auf dem Blatt zu sehen ist. Was kannst du auf dem Blatt sehen?

   _____

   _____

   c) Wiederhole den Versuch 1.b) mit einer Linse anderer Brennweite. Was stellst du fest?

   _____

   _____

Station 8:
Wie entsteht ein Bild auf der Netzhaut? *Arbeitsblatt 2*

Name: _____ Klasse: _____ Datum: _____

2. Vervollständige die folgenden Abbildungen zum Strahlenverlauf und zur Bildentstehung auf der Netzhaut. Die Skizzen helfen dir auch, um die Aufgaben in 1. zu lösen.

3. Vervollständige den Lückentext. Benutze folgende Begriffe (ggf. mehrfach):

Gehirn – Beine – Kopf – Lupe – verkleinert – auf dem Kopf stehend – Sammellinse – seitenverkehrt – Netzhaut – Blatt

Die Linse im menschlichen Auge ist – wie die _____ in dem Versuch –

eine _____. Das Bild, das in unserem Auge auf der

_____ entsteht, hat somit die gleichen Eigenschaften wie das

Bild, das in dem Versuch auf dem _____ zu sehen ist.

Halten wir die Lupe mit ausgestrecktem Arm und betrachten Objekte in unserer

Umwelt durch die Lupe, so sehen wir die Gegenstände _____,

_____ und _____. Unsere Umwelt

wird – ohne Nutzung einer Lupe – auch auf der Netzhaut _____,

_____ und _____ abgebildet.

Unser _____ verarbeitet die Informationen, die es über den Sehnerv vom Auge

empfängt; es stellt die Gegenstände vom „_____" auf die „_____".

Station 9: Die Wahrnehmung von Bildern   *Arbeitsblatt*

Name: _____   Klasse: _____   Datum: _____

Mit den Augen nehmen wir die optischen Reize aus unserer Umwelt auf – die Informationsverarbeitung und somit die eigentliche *Wahrnehmung* von Bildern findet jedoch erst im Gehirn statt. Hier werden die einzelnen Bilder auch so verknüpft, dass wir z.B. Bewegungen als flüssige Abläufe und nicht als eine Abfolge einzelner Bilder empfinden. An dieser Station erfahrt ihr einiges an Wissenswertem über die Koordination von Augen und Gehirn.

Arbeitsform: Partnerarbeit

Material: Lineal (30 cm lang), Legekärtchen mit Begriffen und Pfeilen, Biologiebuch oder -lexikon

Aufgaben:

1. a) Die Versuchsperson legt eine Hand mit dem Ballen auf den Tisch. Die Finger ragen über den Tischrand, Daumen und Zeigefinger sind so weit wie möglich gespreizt.

   b) Der Versuchspartner hält mit zwei Fingern das Lineal bei „30 cm" senkrecht fest. Das 0-cm-Ende sollte dabei in ca. 3 cm Abstand über den Fingern der Versuchsperson hängen.

   c) Nun lässt der Versuchspartner – ohne vorherige Ankündigung – das Lineal fallen. Die konzentriert wartende Versuchsperson probiert, das fallende Lineal mit Daumen und Zeigefinger so schnell wie möglich zu fangen.

   d) Tragt den Zentimeterwert, an dem die Versuchsperson das Lineal gefangen hat, in die Tabelle ein. Wiederholt den Versuch 4-mal und berechnet dann den Mittelwert. Wiederholt die Versuchsreihe mit getauschten Rollen.

Versuchsperson	1. Messung	2. Messung	3. Messung	4. Messung	Mittelwert

   e) Vergleicht die einzelnen Messungen bei jeder Person sowie eure Mittelwerte. Versucht, Unterschiede zu begründen.

   _____
   _____

Station 9: Die Wahrnehmung von Bildern *Kärtchen*

2. Schneidet die grau unterlegten Kärtchen aus. Legt sie zu einer logischen Abfolge der Informationsleitung vom Reiz bis zur Reaktion zusammen und klebt sie anschließend fest.

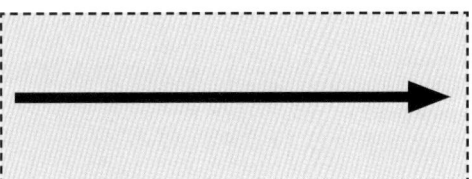 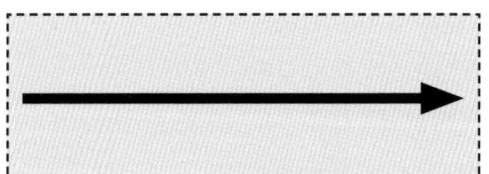

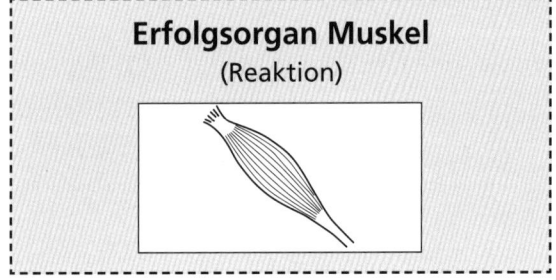

Erfolgsorgan Muskel
(Reaktion)

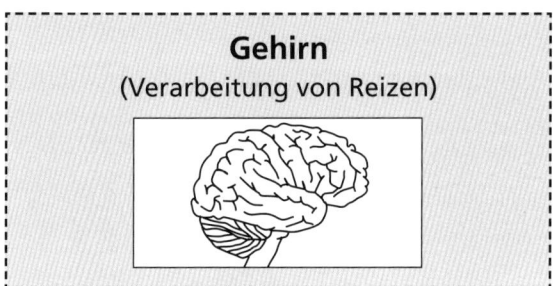

Gehirn
(Verarbeitung von Reizen)

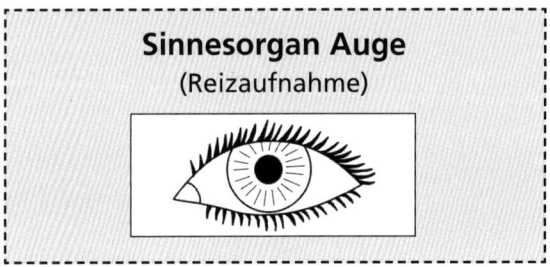

Sinnesorgan Auge
(Reizaufnahme)

afferente Nervenfasern
leiten Informationen
vom Sinnesorgan zum Gehirn

efferente Nervenfasern
leiten Informationen
vom Gehirn zu den Erfolgsorganen (z. B. Muskeln)

Station 10: Die Pupillenreaktion   *Arbeitsblatt 1*

Name: _____ Klasse: _____ Datum: _____

Die Pupillengröße verändert sich je nachdem, wie hell es ist. An dieser Station könnt ihr anhand von Versuchen erfahren, welchen Einfluss das Licht auf die Pupillengröße hat.

Arbeitsform: Partnerarbeit

Material: Geodreieck, schwarzer Karton (Größe: ca. 10 cm × 10 cm), Biologiebuch

Aufgaben:

1. a) Die Versuchsperson blickt mit beiden geöffneten Augen in Richtung Fenster. Der Partner misst vorsichtig mit dem Geodreieck den Durchmesser der Pupillen (in mm). Tragt die Ergebnisse in die Tabelle unten ein.

   b) Die Versuchsperson blickt nun weiterhin zum Fenster. Der Partner hält ihr dabei für etwa 1 Minute beide Augen zu und beobachtet die Pupillen, wenn er die Hände anschließend ruckartig entfernt.

   c) Die Versuchsperson soll nun wieder in Richtung Fenster sehen und beide Augen offen haben. Der Partner schiebt den schwarzen Karton möglichst schnell von der Seite dicht vor ein geöffnetes Auge. Er beobachtet die Pupille des anderen weiterhin geöffneten Auges und misst den Durchmesser.

Versuche	Pupillen-durchmesser (mm)	Beobachtungen	Erklärung
a) Blick mit beiden Augen in Richtung Fenster			
b) Blick in Richtung Fenster nach einminütiger Verdunkelung			
c) Blick in Richtung Fenster, wenn das andere Auge verdunkelt ist			

Station 10: Die Pupillenreaktion *Arbeitsblatt 2*

Name: _____ Klasse: _____ Datum: _____

Pupillen von Katzen: links bei Tageslicht, rechts bei Dunkelheit

2. Welche Folgerungen könnt ihr aus den Versuchen ziehen?
   Ergänzt dazu den folgenden Lückentext und schlagt den mit **A** beginnenden Fachbegriff im Biologiebuch oder im Lexikon nach:

Je weniger Licht auf die Augen trifft, desto stärker _____ sich die Pupillen. Je dunkler es also in einem Raum ist, desto _____ sind die Pupillen. Dadurch können wir auch bei Dunkelheit recht gut sehen. Durch den Vorgang der **A _ _ _ T _ _ I _ _** passen sich die Pupillen den gegebenen Lichtverhältnissen an. Dadurch wird gewährleistet, dass nicht zu _____ und nicht zu _____ Licht in die Augen fällt: Wir sehen gut und Augenschäden werden weitgehend vermieden.

Station 11: Der Nahpunkt *Arbeitsblatt*

Name: _____ Klasse: _____ Datum: _____

Aus Erfahrung wisst ihr, dass man beim Lesen einen bestimmten Abstand zum Text braucht. An dieser Station könnt ihr messen, wie nah ihr einen Gegenstand gerade noch scharf sehen könnt; diesen Punkt nennt man Nahpunkt.

Arbeitsform: Partner- oder Gruppenarbeit

Material: Bleistift, Lineal, Papier, Biologiebuch, Lexikon oder Internet

Aufgaben:

Hinweis: Wechselt bei dem Versuch die Rollen, um für beide Partner Messwerte zu ermitteln.

1. a) Die Versuchsperson hält einen Bleistift (Spitze nach oben) mit ausgestrecktem Arm. Sie fixiert zunächst mit beiden Augen die Bleistiftspitze und schließt dann ein Auge.

   b) Die Versuchsperson fixiert weiterhin die Bleistiftspitze mit einem Auge und führt nun den Bleistift langsam so nah an das Auge heran, bis sie ihn gerade noch scharf sieht.

   c) In dieser Position misst der Partner möglichst genau den Abstand von der Hornhaut bis zum Bleistift.

   d) Notiert den Wert und wiederholt den Versuch zwei weitere Male. Berechnet dann den Mittelwert. Dieser Wert ist die Nahpunktentfernung für scharfes Sehen.

2. Erstellt eine Tabelle, in der ihr eure Mess- und Mittelwerte sowie eure Namen und euer Alter eintragt. Vergleicht eure Werte. Messt auch bei drei weiteren Personen mit möglichst großen Altersunterschieden (Geschwister/Freunde, Eltern, Großeltern) die Nahpunktwerte – auch bei Brillenträgern mit und ohne Brille. Tragt die Werte in der Tabelle ein. Was könnt ihr aus den unterschiedlichen Nahpunktwerten schließen?

   _____
   _____

3. Informiert euch über die Ursache, weshalb junge und alte Menschen unterschiedliche Nahpunkte haben. Erklärt den Sachverhalt.

   _____

Station 12: Wie wir verschieden weit entfernte Dinge scharf sehen
Arbeitsblatt

Name: _____ Klasse: _____ Datum: _____

Arbeitsform: Einzelarbeit (auch in Partnerarbeit möglich)

Material: Bleistift, Biologiebuch

Aufgaben:

1. a) Setze dich auf einen Stuhl etwa 2 m vor ein Fenster und blicke in Richtung Fenster. Halte einen Bleistift etwa 30 cm vor dein Gesicht und fixiere die Bleistiftspitze.
   b) Fixiere dann den Fensterrahmen und versuche anschließend, gleichzeitig die Bleistiftspitze und den Fensterrahmen scharf zu sehen. Was stellst du fest?

_____

Der Abstand unserer Linse zur Netzhaut (Retina) ist immer gleich – ganz egal, ob ein betrachteter Gegenstand nah oder weit von uns entfernt ist. Da die Linse in unserem Auge elastisch ist, kann ihre Krümmung (und damit die Brechung der Lichtstrahlen) verändert werden. Dadurch wird gewährleistet, dass das Bild immer genau *auf* der Netzhaut entsteht.

2. Beschrifte die Skizzen mit den Begriffen: Linse, Linsenbänder, Ringmuskel, Naheinstellung, Ferneinstellung. Vervollständige dann den Lückentext.

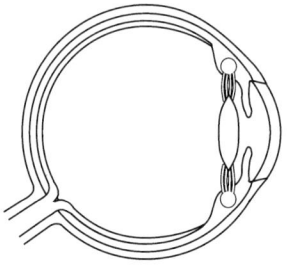 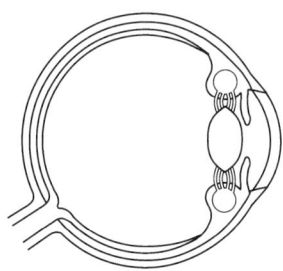

Sehen wir in die _____, so entspannt sich der _____. Die Linse wird durch die Linsenbänder _____. Nun ist die **Brechkraft der Linse** _____. Betrachten wir einen nahen Gegenstand, so ist die Linse _____ gewölbt; die Brechkraft der Linse ist jetzt _____. Das liegt daran, dass der _____ stark zusammengezogen ist und die Linsenbänder _____. Den Vorgang der **Anpassung** des Auges an unterschiedliche Entfernungen nennt man A _ _ _ _ M _ _ _ _ _ _ _ _.

Station 13: Sehfehler — *Arbeitsblatt*

Name: _____ Klasse: _____ Datum: _____

Vielleicht hast du schon einmal an einem Sehtest teilgenommen. Anhand eines Sehtestes kannst du herausfinden, wie gut du sehen kannst.

Arbeitsform: Einzelarbeit
(auch in Partnerarbeit möglich)

Material: Testblatt, Lineal

Aufgaben:

1. a) Schließe das rechte Auge und lies Zeile für Zeile des ersten Testblattes aus etwa 40 cm Entfernung.

   b) Schließe nun das linke Auge und lies das zweite Testblatt Zeile für Zeile nur mit dem rechten Auge.

Hinweis: Wenn du die Zeichen aus ca. 40 cm Abstand nicht vollständig lesen kannst, so solltest du baldmöglichst zu einem Augenarzt gehen und deine Augen untersuchen lassen.

2. Manche Menschen haben einen Sehfehler und tragen deshalb eine Brille oder Kontaktlinsen. In den unteren Abbildungen sind zwei Sehfehler und ihre Korrekturmöglichkeiten angedeutet. Schreibe jeweils dazu, um welchen Sehfehler es sich handelt, wodurch er gekennzeichnet ist und mit welcher Linse er korrigiert werden kann.
Diese Wörter können dir helfen:
Netzhaut, Augapfel, Sammellinse, Zerstreuungslinse, Kurzsichtigkeit, Weitsichtigkeit

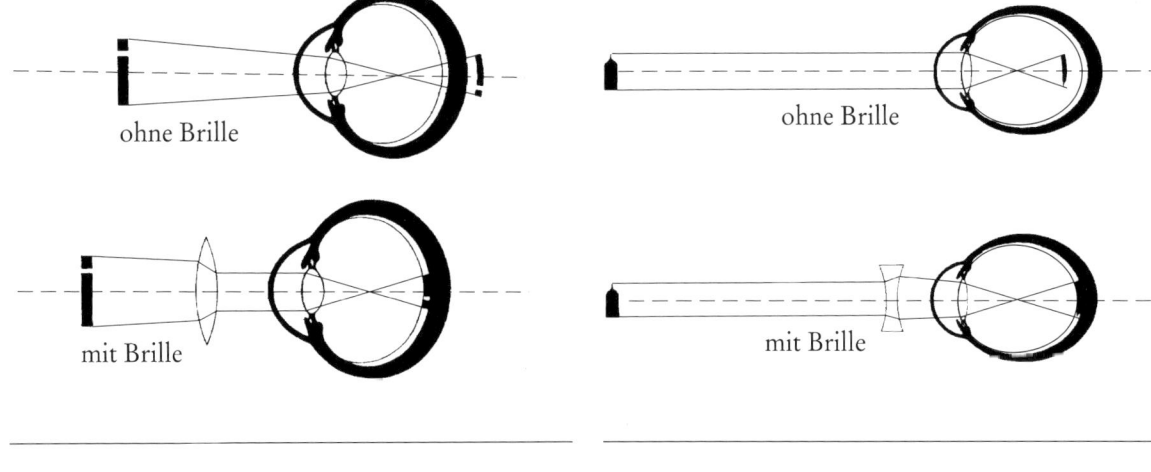

_____

_____

_____

Station 13: Sehfehler   *Testblatt 1*

L F Z P G D

Q R M J K Ä

9 O B U E

N T S V C

W 6 Y H

T I B 8

Ö M 2 X

U V L P

Q A 5 F

D Z E 4

Station 13: Sehfehler *Testblatt 2*

D F G P Z L

R Ä M Q K J

U B 9 E O

T S N V C

Y 6 W H

8 I T B

M 2 Ö X

L P U V

5 Q A F

D 4 E Z

Station 14: Räumliches Sehen — *Arbeitsblatt*

Name: _____ Klasse: _____ Datum: _____

Arbeitsform: Partnerarbeit

Material: 2 spitze Bleistifte, Biologiebücher, Fachbücher

Aufgabe:

Hinweis: Beide Partner führen die Teilversuche parallel durch.

1. a) Nimm in jede Hand einen Bleistift.

   b) Strecke die Arme nach vorne und halte die beiden Bleistifte so, dass die Spitzen aufeinanderzeigen und einen Abstand von etwa 50 cm haben.

   c) Schließe nun ein Auge und bewege die Bleistiftspitzen schnell aufeinander zu, bis sie sich berühren. Wiederhole den Versuch mit **einem** geöffneten Auge mehrmals. Notiere deine Beobachtungen in der Tabelle. Wenn du möchtest, kannst du zur Kontrolle den Versuch mit dem anderen Auge wiederholen.

   d) Wiederhole nun den Versuch mehrmals, wenn **beide** Augen geöffnet sind. Trage wieder deine Beobachtungen in die Tabelle ein.

   e) Vergleiche deine Ergebnisse mit denen deines Partners. Versucht, Erklärungen zu finden. Dazu könnt ihr auch euer Biologiebuch zu Hilfe nehmen.

Versuchsprotokoll

Teil-versuche	Beobachtungen bei Versuchsperson 1	Beobachtungen bei Versuchsperson 2	Erklärung
Ein Auge ist geöffnet			
Beide Augen sind geöffnet			

Station 15: Der blinde Fleck — *Arbeitsblatt*

Name: _____ Klasse: _____ Datum: _____

In der Umgangssprache wird gelegentlich davon gesprochen, dass jemand einen „blinden Fleck" hat, wenn er bestimmte Dinge nicht bemerkt oder bemerken will. Aber jeder Mensch hat *tatsächlich* einen blinden Fleck – und zwar in jedem Auge! Der blinde Fleck ist die Stelle, an welcher der Sehnerv aus der Netzhaut austritt. Mit den folgenden Versuchen wirst du merken, was es damit auf sich hat.

Arbeitsform: Einzelarbeit

Material: Abbildung „Kreis und Kreuz" (s. u., auf Pappe geklebt), Biologiebücher, Lexika oder Internet

Aufgaben:

1. a) Halte die Abbildung „Kreis und Kreuz" mit ausgestrecktem Arm auf Augenhöhe vor dich.

   b) Halte das rechte Auge zu und fixiere mit dem linken Auge den abgebildeten Kreis.

   c) Ändere nun langsam den Abstand zwischen Auge und Abbildung. Fixiere den Kreis weiterhin und versuche, das linke Auge dabei nicht zu schließen. Achte darauf, was mit dem Kreuz passiert, wenn du weiterhin den Kreis mit dem linken Auge fixierst. Was stellst du fest?

   _____

   d) Halte jetzt das linke Auge zu, fixiere das Kreuz und ändere den Abstand zwischen Abbildung und Auge. Was geschieht mit dem Kreis?

   _____

2. Was kannst du daraus ableitend über den blinden Fleck sagen?

   _____

3. Wie kommt es, dass wir normalerweise unseren blinden Fleck nicht bemerken?

   _____

- ✂

+   **O**

Station A: RICHTIG oder FALSCH? *Arbeitsblatt*

Name: _____ Klasse: _____ Datum: _____

Arbeitsform: Einzel- oder Partnerarbeit

Aufgabe:

Lies die folgenden Aussagen genau durch. Entscheide dann, ob die Aussagen RICHTIG oder FALSCH sind und umkreise den Buchstaben in der entsprechenden Spalte. Wenn du die eingekreisten Buchstaben von oben nach unten liest, erhältst du einen Lösungssatz:

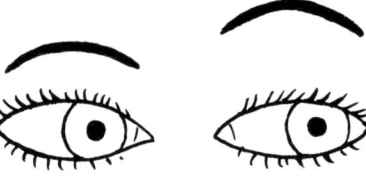

_____ _____ _____ !

	RICHTIG	FALSCH
Die Anpassung des Auges an die einfallende Lichtmenge nennt man Akkommodation.	A	S
Den nächsten Punkt, der mit Akkommodation scharf gesehen wird, nennt man Nahpunkt.	C	T
Der gelbe Fleck ist die Stelle auf der Netzhaut, an der wir am besten sehen (hier sind die meisten Zapfen).	H	R
Die Tränenflüssigkeit wird von der Augenlinse gebildet.	O	U
Das räumliche Sehen ist nur mit beiden Augen möglich.	E	P
Das im Auge entstehende Bild ist spiegelverkehrt, verkleinert und steht auf dem Kopf.	T	B
Das Farbsehen wird von den Stäbchen, die in der Netzhaut liegen, ermöglicht.	A	Z
Wir unterscheiden drei Arten von Zapfen und drei Arten von Stäbchen.	W	E
„Nachts sind alle Katzen grau", weil die Zapfen bei Dunkelheit nicht genügend gereizt werden.	D	K
Bei Nahsicht ist die Linse abgeflacht und der Ringmuskel ist angespannt (kontrahiert).	L	E
Der optische Apparat besteht aus Hornhaut, vorderer Augenkammer, Pupille, Linse und Glaskörper.	I	V
Die Netzhaut (Retina) ist die innerste der drei Schichten, aus der die Augenwand besteht.	N	M
Die Iris (Regenbogenhaut) schützt das Augeninnere vor zu viel Licht und damit vor Augenschäden.	E	D
Die Pupille ist eine durchsichtige runde Scheibe und besteht aus einer gallertigen Masse mit Sehzellen.	E	A
Der blinde Fleck ist die Stelle, an der der Sehnerv aus der Netzhaut austritt.	U	Z
Die Pigmenthaut im Auge hat die Aufgabe, das ins Auge fallende Licht zu reflektieren.	I	G
Menschen mit Albinismus fehlen die Farbstoffe (Pigmente) in der Regenbogenhaut.	E	W
Der Sehnerv leitet die Informationen vom Auge in Richtung Gehirn (Sehzentrum).	N	F

Station B: Schüttelwörter und Silbenrätsel *Arbeitsblatt*

Name: _____ Klasse: _____ Datum: _____

Arbeitsform: Einzel- oder Partnerarbeit

Aufgaben:

1. Identifiziere die versteckten Schüttelwörter zum Thema „Sehsinn" und notiere die Lösungen.
   Hinweis: Ä = AE, Ö = OE, Ü = UE!

Schüttelwort	Lösung
K S M G R L I N E U	
E I G N R H	
R E E L G B C L F K E	
D E U R A N E E E S R T N	
A U T R O N H H	
G O B R E A T E H N U E G N	
P W M N E I R	
R E E S V N H	
U N B A N G U E R A E	
E E A O R R L S P K G	
M A M E L L S I N E S	
P A U H T K N N	

2. Löse das folgende Silbenrätsel und notiere die 11 gefundenen Wörter.

   Zap- -haut -len -ap- -le Stäb- -ta- -kom- -fen -sich- Le- -pil- -ti- -nen- Ad- Kurz- -keit -sin- Netz- -keit -on -chen -sig Weit- Ak- -da- -nes- -ti- -mo- -keit -tig- -zel- Pu- Trä- -sich- -on -der- Licht- -haut -flüs- -tig-

   Lösungswörter in alphabetischer Reihenfolge:

   _____

   _____

Station C: Stehende und laufende Bilder — *Arbeitsblatt*

Name: _____ Klasse: _____ Datum: _____

Arbeitsform: Einzel- oder Partnerarbeit

Material: 10 kleine Karteikarten (DIN A8), Karton in Postkartengröße, Heftklammern, spitzer Bleistift, Buntstifte, 2 Gummibänder, Biologiebuch und Lexika

Versuch 1:

a) Stelle dir einen Vorgang vor (z. B. Tennisspieler beim Spielen, am Himmel ziehende Wolken …). Zerlege diesen Vorgang gedanklich in zehn einzelne, aufeinander aufbauende Bilder. Zeichne jedes Einzelbild auf eine Karteikarte.

b) Ordne die Zeichnungen auf den Notizzetteln in der richtigen Reihenfolge und hefte sie mit einer Heftklammer zusammen.

c) Betrachte die Abbildungen zunächst in langsamer Abfolge, dann immer schneller („Daumenkino").

d) Beschreibe und notiere in der Tabelle deine Bildeindrücke und deute sie. Ziehe zur Erklärung deiner Beobachtungen auch Fachbücher heran.

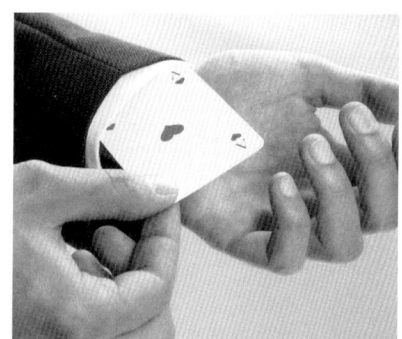

Versuch 2:

a) Zeichne auf einen Karton in Postkartengröße zwei zusammengehörige farbige Abbildungen (z. B. auf der Vorderseite einen Schmetterling und auf der Rückseite eine Blüte). Hinweis: Nimm den Karton dazu im Hochformat.

b) Stich auf beiden Seiten der Karte in der Mitte ein kleines Loch ein und befestige daran je ein Gummi. Drehe dann die Karte und ziehe so den „Gummimotor" auf; halte dazu die Gummis mit den beiden Zeigefingern.

c) Lasse nun die Karte los und spanne dabei die Gummis. Notiere in der Tabelle deine Beobachtungen und deute sie.

Versuch	Beobachtungen	Erklärung
1		
2		

Station D: Können Einzeller sehen?   *Arbeitsblatt*

Name: _____ Klasse: _____ Datum: _____

Arbeitsform: Einzelarbeit

Material: Informationstext, Internet, Euglena-Kultur (sofern in der Schule vorhanden)

Aufgaben:

Lies den Informationstext und bearbeite dann die folgenden Aufgaben.

1. Können Einzeller sehen? _____

2. Wie lässt sich durch einen einfachen Versuch feststellen, dass Augentierchen auf Lichtreize reagieren? Skizziere eine entsprechende Versuchsanordnung.

3. Ist das Augentierchen eine Pflanze oder ein Tier? Recherchiere hierzu im Internet und stelle zusammen, welche Merkmale pflanzentypisch und welche tiertypisch sind. Nutze hierfür folgende Tabelle:

Merkmale	pflanzlich	tierisch	Bemerkungen

Station D: Können Einzeller sehen? *Informationstext*

Euglena – Das Augentierchen

Das Licht liefert nicht nur den Menschen, sondern auch vielen Tieren wichtige Informationen über ihre belebte und unbelebte Umwelt. Im Laufe der Evolution (Entwicklungsgeschichte der Lebewesen) haben sich in den verschiedenen Tiergruppen unterschiedliche und zum Teil sehr komplexe lichtempfindliche Organe entwickelt, mit denen Lichtreize aufgenommen werden können.

Bei den meisten tierischen Einzellern wie der Amöbe (Wechseltierchen) und dem Pantoffeltierchen ist das gesamte Zellplasma lichtempfindlich.

Beim **Augentierchen**, das nur aus einer Zelle besteht und im Süßwasser lebt, ist lediglich ein kleiner Abschnitt an der Geißelverdickung – der so genannte **Fotorezeptor** – lichtempfindlich. Der rote „**Augenfleck**" (Stigma) beschattet bei seitlichem Lichteinfall den Fotorezeptor. Das Augentierchen dreht sich mithilfe der Geißel so lange, bis die Beschattung des Fotorezeptors aufhört, und bewegt sich auf diese Weise zur Lichtquelle hin.

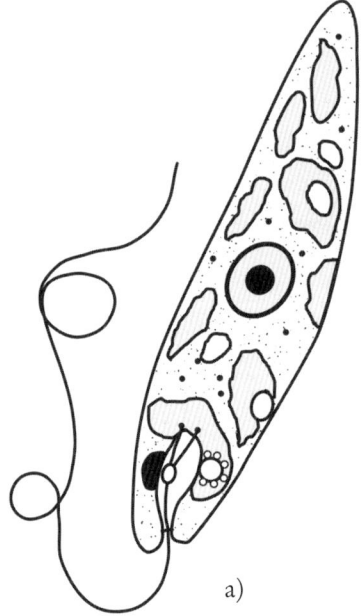
a)

Da das einzellige Augentierchen auch Chloroplasten besitzt, ist es bei ausreichendem Licht zur Fotosynthese fähig, d.h. es lebt **autotroph**. Bei längerer Dunkelheit allerdings entwickeln sich die Chloroplasten zurück. Dann nimmt das Augentierchen organisches Material auf und wechselt somit in eine **heterotrophe** Lebensweise.

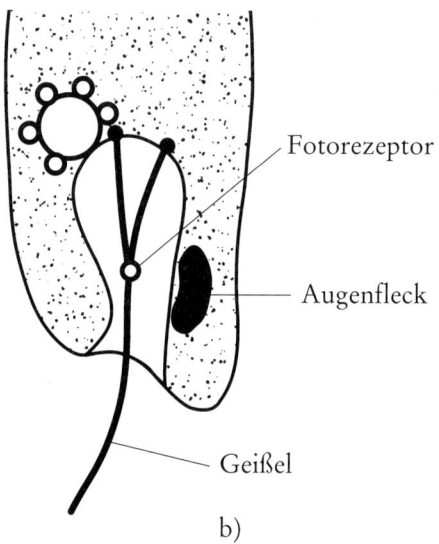
b)

Abb.: Euglena (Augentierchen), schematisch.
a) Gesamtansicht
b) Ausschnitt: Geißelapparat

Station E: Wie verschiedene Tiere sehen — *Arbeitsblatt*

Name: _____ Klasse: _____ Datum: _____

Die meisten Tiere können sehen, allerdings sehen sie sehr unterschiedlich. Während niedere Tiere wie beispielsweise Strudel- und Regenwürmer nur hell und dunkel unterscheiden können, vermögen höhere Tiere wie Tintenfische, Fliegen und Bussarde – und natürlich auch wir Menschen – Bilder und Farben zu sehen.

Arbeitsform: Einzel-, Partner- oder Gruppenarbeit

Aufgaben:

1. Sieh dir die abgebildeten Tiere an. Vergleiche die Form und die Anordnung der Augen sowie die Körperhaltung. Kannst du daraus ableitend etwas über die jeweilige Lebensweise sagen? Versuche, die Zusammenhänge zu erklären.

 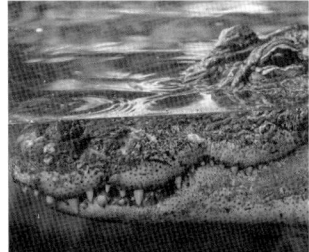

Abb. 1: Erdmännchen   Abb. 2: Krokodil

Abb. 3: Uhu   Abb. 4: Kaninchen

2. Viele Insekten können Farben und Bilder sehen wie wir Menschen; allerdings sind ihre Augen anders aufgebaut als die von uns Menschen.
   Lies den Informationstext aufmerksam durch. Stelle in einer Tabelle, wie unten angedeutet, die Merkmale des menschlichen Linsenauges und des Facettenauges einander gegenüber. Du kannst im Internet oder in Büchern zusätzliche Informationen finden.

	Linsenauge beim Menschen	Facettenauge
Anzahl der Augen		
…		

Station E: Wie verschiedene Tiere sehen *Informationstext*

Das Facettenauge

Die Facettenaugen der Gliederfüßer (z. B. Insekten, Spinnen, Krebse, Skorpione) sind aus zahlreichen Einzelaugen (Ommatidien) zusammengesetzt. Der Name „Facettenauge" rührt daher, dass die Einzelaugen wie die Facetten auf einem geschliffenen Diamanten aussehen.

Die Facettenaugen sind meist mehr oder weniger halbkugelförmig, sodass jedes Einzelauge eine geringfügig unterschiedliche Blickrichtung hat. Sie sitzen fest und unbeweglich an den Seiten des Kopfes. Dadurch entsteht ein größeres Blickfeld, als es bei den nach vorne gerichteten Linsenaugen des Menschen der Fall ist.

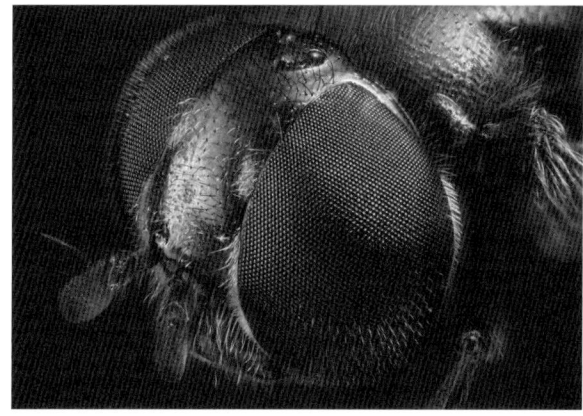

Abb. 1: Facettenaugen bei der Stubenfliege

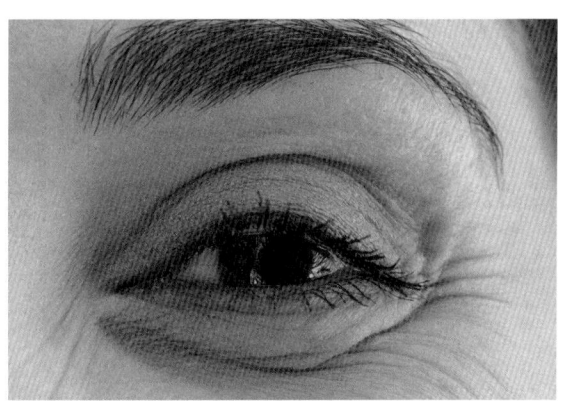

Abb. 2: Linsenaugen beim Menschen

Die Größe der Facettenaugen ist bei den verschiedenen Tierarten sehr unterschiedlich; auch die Anzahl der Einzelaugen variiert zwischen den Arten und teilweise sogar zwischen den Geschlechtern innerhalb einer Art. Bei großen Libellen können es bis zu 28 000 pro Auge sein, bei der Stubenfliege (s. Foto) sind es rund 3 000.

Ein Bild der Umgebung setzt sich aus der Vielzahl von Bildpunkten zusammen, die von den einzelnen Ommatidien aufgenommen werden. Je größer die Ommatidienzahl, desto besser ist die Auflösung.

Die *räumliche* Auflösung des Facettenauges wird durch die Anzahl der Bildpunkte begrenzt und ist geringer als die räumliche Auflösung beim menschlichen Auge. In Bezug auf die *zeitliche* Auflösung jedoch ist das Facettenauge leistungsfähiger: Während beim Menschen ca. 40 Bilder pro Sekunde verarbeitet werden können, sind es bei einigen Insekten bis über 300!

Station F: Triangolon-Rätsel *Arbeitsblatt*

Arbeitsform: Einzel- oder Partnerarbeit

Material: DIN-A4-Karton, Puzzleteile „Triangolon"

Aufgaben:

1. Ordne die Dreiecke und Vierecke auf einer festen Unterlage so an, dass die zueinander passenden Aussagen direkt aneinanderliegen.
2. Wenn du mit dem Legen fertig bist, drehe alle Kärtchen in einem Schwung vorsichtig um (z. B. mittels eines aufgelegten Heftes). Zur Selbstkontrolle siehst du dann ein Bild.
3. Was fällt dir an diesem Bild auf?

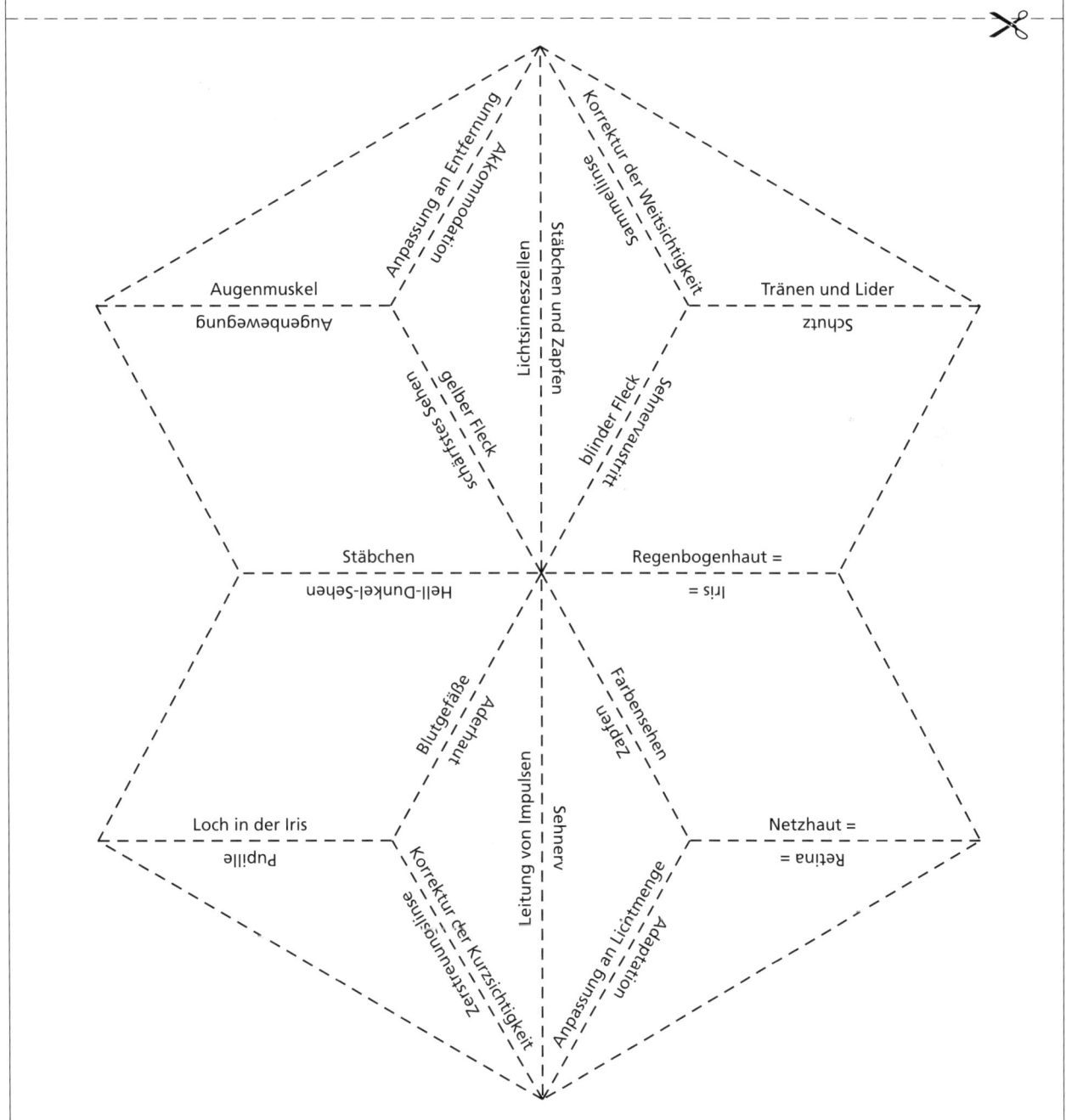

Station F: Triangolon-Rätsel *Kontrollbild*

Station G: Spiralrätsel — *Arbeitsblatt 1*

Name: _____ Klasse: _____ Datum: _____

Arbeitsform: Einzel- oder Partnerarbeit

Material: Spiralrätsel

Aufgaben:

1. Setze der Reihe nach die gesuchten Begriffe in die Felder des Spiralrätsels ein.

    1 „Weiße Augenhaut", die den hinteren Bereich des Augapfels abschließt

    2 Anderes Wort (Synonym) für Regenbogenhaut

    3 Schicht im Auge, in der die Lichtsinneszellen (Fotorezeptoren) liegen

    4 Eine Art von Lichtsinneszellen

    5 Härchen, die unser Auge schützen

    6 Fähigkeit des Auges, sich auf unterschiedliche Lichtverhältnisse einzustellen

    7 Organ, mit dem unsere Sinneseindrücke verarbeitet werden

    8 Fähigkeit des Auges, durch Veränderung der Linsenform nahe oder ferne Objekte scharf abbilden zu können

    9 Kurz- und Weitsichtigkeit sind …

    10 Werden durch Licht im Auge erzeugt und an das Gehirn weitergeleitet

2. Es gibt viele Sprichwörter und Redewendungen, die mit dem Auge zu tun haben. Wenn du die Buchstaben in den grauen Feldern in der Reihenfolge der Nummerierung einsetzt, erhältst du als Lösung eine davon:

    __ __ __ __   __ __   __ __ __ __
    1 2 3 4   5 6   7 8 9 10

3. Erkläre, was mit dieser Redewendung gemeint ist.

   _____
   _____

Station G: Spiralrätsel
Arbeitsblatt 2

Name: _____ Klasse: _____ Datum: _____

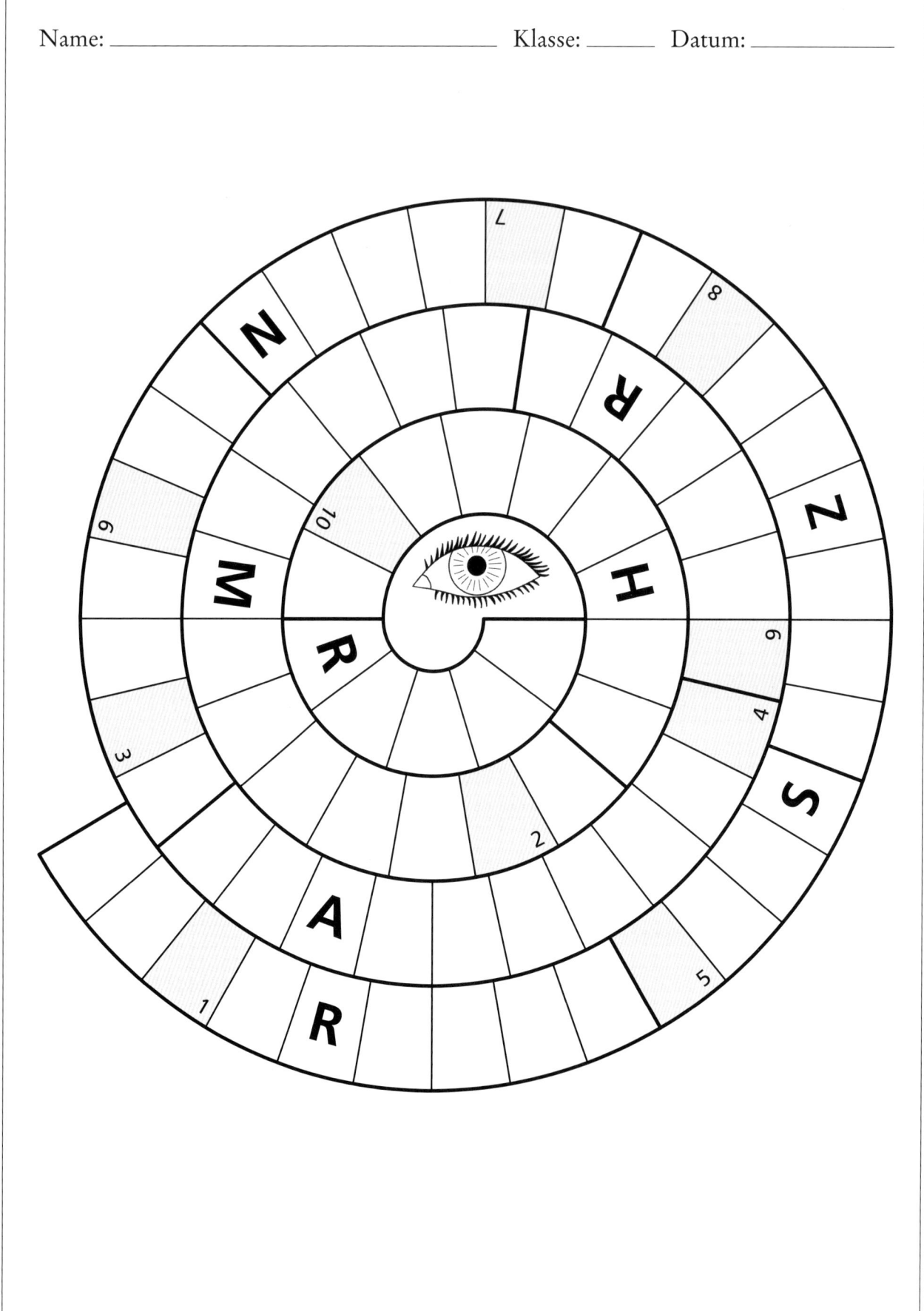

Test zum „Sinnesorgan Auge"			*Lösungen*

1. 1 Ringmuskel   9   Lederhaut
    2 Lid   10 Aderhaut
    3 hintere Augenkammer   11 Netzhaut
    4 Linse   12 gelber Fleck
    5 Iris   13 Glaskörper
    6 Hornhaut   14 blinder Fleck
    7 vordere Augenkammer   15 Sehnerv
    8 Linsenbänder   16 Augenmuskel

2. Zapfen und Stäbchen

3. ~~gelber Fleck~~ – Hornhaut – ~~Lederhaut~~ – vordere Augenkammer – ~~Sehnerv~~ – Pupille – Linse – ~~blinder Fleck~~ – Glaskörper

4. **Adaptation:** Als Adaptation bezeichnet man die Anpassung des Auges an sich verändernde Lichtverhältnisse durch Vergrößern oder Verkleinern der Pupille.
   Akkommodation: Als Akkommodation bezeichnet man die Anpassung des Auges an verschiedene Entfernungen zum gesehenen Objekt durch Veränderung der Linsenkrümmung.
   Blinder Fleck: Hier verlässt der Sehnerv das Auge in Richtung Gehirn. An dieser Stelle sitzen keine Sehzellen, das heißt, es entsteht eine „Lücke" in unserem Blickfeld.

5. Die Zapfen, die für das Farbensehen verantwortlich sind, haben eine geringere Lichtempfindlichkeit als die Stäbchen. Das heißt, dass sie mehr Licht brauchen, um gereizt zu werden. Bei Dämmerung werden aufgrund der Lichtverhältnisse nur die Stäbchen aktiviert und wir erkennen keine Farben (Hell-Dunkel-Sehen).

6. Das Bild, das auf unserer Netzhaut entsteht, ist verkleinert, spiegelverkehrt und steht auf dem Kopf. Durch die Leistung unseres Gehirns nehmen wir unsere Umwelt dennoch „richtig" wahr.

7. Wenn wir weinen, produziert die Tränendrüse oberhalb unseres Auges vermehrt Tränenflüssigkeit. Diese läuft zum einen über die Wangen, gelangt aber auch über die Tränenröhrchen, den Tränennasengang und den Tränensack in die Nase, sodass die Nase „läuft".

8. Kurzsichtigkeit: Weit entfernte Objekte können nicht scharf gesehen werden. In die Brille werden zur Korrektur Zerstreuungslinsen eingesetzt.
   Weitsichtigkeit: Nahe Objekte können nicht scharf gesehen werden. In die Brille werden zur Korrektur Sammellinsen eingesetzt.

Station 1: Orientierung, ohne zu sehen? *Lösungen*

1. Man fühlt sich recht unsicher und orientierungslos, wenn man sich im Dunkeln bewegt. In der Regel läuft man sehr langsam und nutzt die Arme und Hände, um zu fühlen, wo sich was befindet. Man achtet außerdem stärker auf Geräusche.

2. Wird man mit verbundenen Augen von einem Partner geführt, dem man vertraut, so läuft man zunächst langsam und vorsichtig, zunehmend aber schneller und sicherer. Bei der Beschreibung des Weges ist es oft erstaunlich, wie weit die Vermutungen von den Tatsachen abweichen!

3. Der Zeigestock ist der „verlängerte Arm" und eine sehr gute Hilfe zur Orientierung. Mit dem Zeigestock können tastend Hindernisse erkannt werden. Die Fortbewegung fällt mit Zeigestock leichter als ohne – auch wenn man sich nach wie vor deutlich unsicherer fühlt, als wenn man die Augen geöffnet hat und klar sehen kann, wo man ist und wohin man geht.

4. Blindenstöcke, die zu mindestens ⅔ weiß sein müssen, sind Hilfsmittel für Menschen mit starker Sehbehinderung und bestehen aus leichtem Holz oder aus dünnem Leichtmetallrohr (meist Aluminium), das sich zur Spitze hin verjüngt; an der dünnsten Stelle des Blindenstockes befindet sich eine kugelige Verdickung oder eine Spitze, die aus Metall, Porzellan, Holz oder Kunststoff sein kann. Durch das besondere Stockmaterial und die individuell wählbare Stocklänge – meist sind sog. Langstöcke im Gebrauch, mit denen besonders gut vorgetastet werden kann – sind Bodenunebenheiten und Hindernisse deutlich erkennbar. Sie ermöglichen ein relativ sicheres Gehen. Zudem lassen sie sich zusammenklappen und können somit – wenn sie gerade nicht im Gebrauch sind – problemlos weggelegt oder eingesteckt werden. Blinden-Führhunde erhöhen zusätzlich die Sicherheit.

Station 2: Wie blinde Menschen lesen *Lösungen*

1. AUCH BLINDE MENSCHEN LESEN.

2. Wenn Menschen mit starker Sehbehinderung viel und gerne lesen, entwickeln sie durch Übung im Laufe der Zeit eine hohe Lesekompetenz. Da sie daran gewöhnt sind, mithilfe der anderen Sinne – wie beispielsweise dem Tastsinn beim Lesen – zurechtzukommen, sind diese bei ihnen besser trainiert und in der Regel empfindlicher als bei Menschen ohne Sehbehinderung.

Hinweis: Die Brailleschrift umfasst noch wesentlich mehr Zeichen als hier in der Übersetzungshilfe aufgeführt, so z. B. für die Zahlen, Satzzeichen, Umlaute u. a.

Station 3: Die äußeren Teile des Auges *Lösungen*

1.

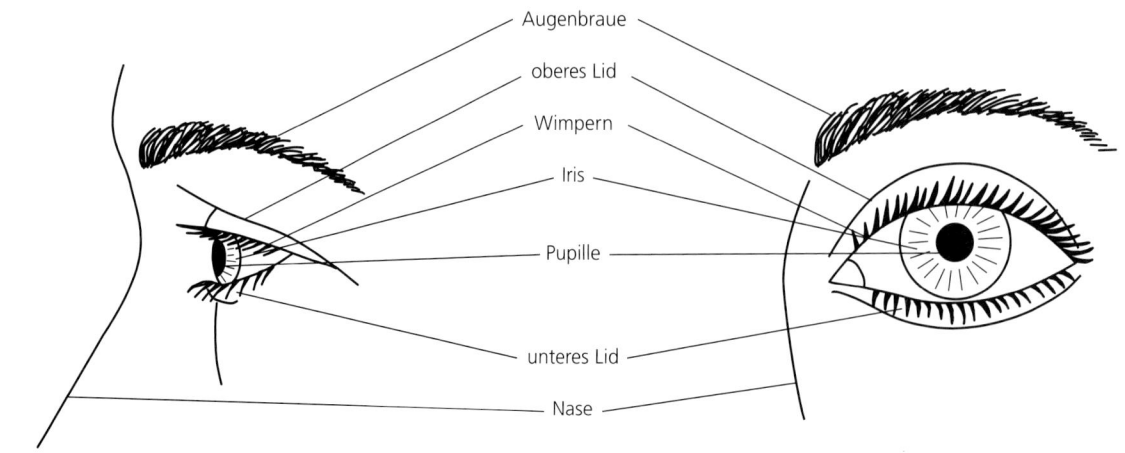

2.

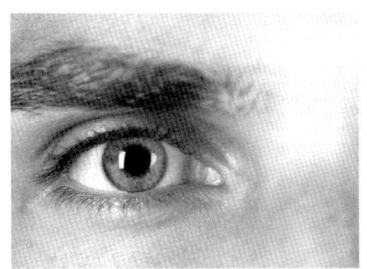 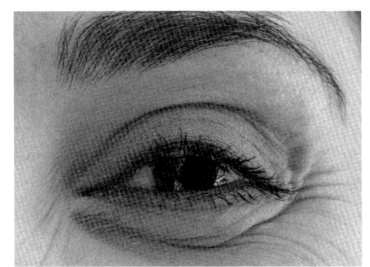 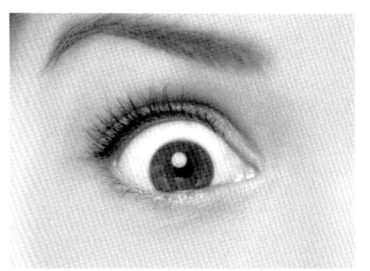

Ärgerlich, wütend, nachdenklich, konzentriert, besorgt

Fröhlich, lachend, glücklich

Erstaunt, erschrocken

3. Je nach gefundenem Bildmaterial fallen die Lösungen sehr unterschiedlich aus. Oft ist es gar nicht so einfach, einen bestimmten Gesichtsausdruck eindeutig zu beschreiben. Hinzu kommt, dass ein und derselbe Gesichtsausdruck von verschiedenen Menschen oft ganz unterschiedlich wahrgenommen wird! Deshalb ist hier eine bestimmte Spannbreite von Interpretationen möglich.

Station 4: Die Schutzeinrichtungen des Auges *Lösungen*

1.

	Beobachtungen	Schutzfunktion
a)	Die Augen schließen sich schnell; es ist kaum möglich, sie bewusst offen zu halten.	Das Auge reagiert reflexartig durch schnelles Schließen, wenn Gefahr droht – das laute Geräusch könnte mit einer Gefahr für das Auge verbunden sein.
b)	Wenn man die Hände von den Augen wegnimmt, sind die Pupillen zunächst ganz groß, verkleinern sich aber relativ schnell wieder.	Das Auge passt sich an die Lichtverhältnisse an. So wird es vor zu starkem Lichteinfall geschützt.
	Hinweis: Falls jemand empfindliche Augen hat, empfindet er beim Öffnen der Augen in einem hellen Raum ein unangenehmes Gefühl und „blinzelt". Der Versuch kann dann in einer dunkleren Stelle des Raumes wiederholt werden, sodass die Pupillenveränderung (hier: Pupillenverkleinerung) deutlich sichtbar wird.	
c)	**Wasser auf die Stirn oberhalb eines Auges:** Das Wasser wird durch die Augenbrauen abgelenkt und läuft nicht ins Auge; je dichter und länger die Augenbrauen, desto stärker die Ablenkung des Wassers. **Wasser auf die Stirnmitte:** Das Wasser läuft in Richtung Nase, aber nicht ins Auge. **Viel Wasser auf die Stirn:** Das Wasser läuft nur in kleinen Mengen über die Augenbrauen, das Lid schließt sich.	Die Wassertropfen fließen rechts und links an den Augen vorbei oder bleiben in den Augenbrauen hängen. Die Augen liegen in der knöchernen Augenhöhle gut geschützt, Augenbrauen und Wimpern sowie der Lidschlussreflex sorgen für zusätzlichen Schutz.
d)	Das Lid schließt sich reflexartig, es entsteht ein unangenehmes Gefühl und das Auge beginnt zu tränen.	Einfliegende Schmutzpartikel werden durch die Tränenflüssigkeit aus dem Auge herausgespült.

2. Nicht direkt in die Sonne oder in grelles Licht schauen, bei viel Sonne oder im Gebirge gute Sonnenbrille mit UV-Schutz tragen (v. a. bei Schnee und auf Gletschern), Schutzbrille beim Experimentieren/ Schweißen tragen usw.

Station 5: Die Tränenflüssigkeit und ihre Bedeutung *Lösungen*

1. Eine Tabelle könnte wie folgt gestaltet sein, wobei die Messwerte individuell stark schwanken können:

	Versuchsperson 1	Versuchsperson 2
Bei Ruhe	25 Sekunden	…
Bei hoher Konzentration	40 Sekunden	…
Durch Störung abgelenkt	12 Sekunden	…

2. Die Augen beginnen bald zu tränen und die Lider schließen sich. Es handelt sich dabei um Schutzreaktionen auf einen scharfen Inhaltsstoff der Zwiebel.
Hinweis: Dieser scharfe Inhaltsstoff ist das Propanthial-S-Oxid, das durch einen chemischen Prozess beim Schneiden der Zwiebel freigesetzt wird und durch Verdunstung oder durch kleine Spritzer in das Auge gelangt.

3. Es sind das untere und das obere Tränenpünktchen; durch diese beiden kleinen Öffnungen fließt ständig Tränenflüssigkeit vom Auge zur Nase.

4.

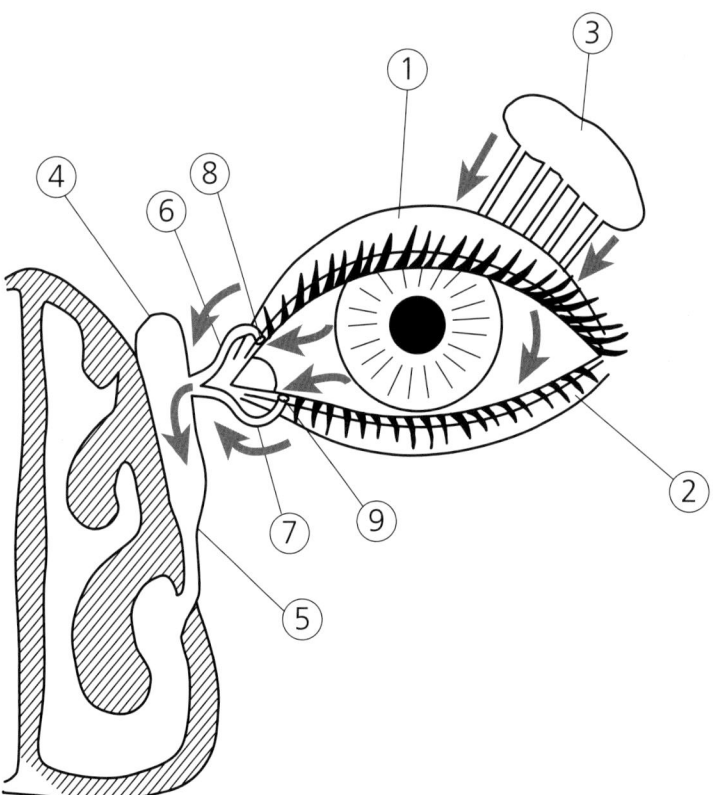

5. Wenn man weint, so wird von den Tränendrüsen besonders viel Tränenflüssigkeit produziert. Diese fließt von den Augen in die Nase und die Nase „läuft".

Station 6: Der Aufbau des Auges — *Lösungen*

1.

Nr.	Teil des Auges	Beschreibung
1	Ringmuskel	Muskel zur Regulierung der Nah- und Ferneinstellung
2	Lid	Bewegliche Hautfalte zum Schutz des Auges
3	hintere Augenkammer	Mit Kammerwasser gefüllter Hohlraum *hinter* der Iris
4	Linse	Elastischer, durchsichtiger Körper, durch den das Licht gebrochen und geleitet wird
5	Iris	Augenblende, die den Lichteinfall reguliert
6	Hornhaut	Äußere Augenhaut im vorderen Bereich des Augapfels (durchsichtig), dient dem Schutz und der Lichtbrechung
7	vordere Augenkammer	Mit Kammerwasser gefüllter Hohlraum *vor* der Iris
8	Linsenbänder	Verbindung der Linse mit dem Ringmuskel
9	Lederhaut	Äußere Augenhaut im hinteren Bereich des Augapfels (weiß) zum Schutz des Auges
10	Aderhaut	Mit Blutgefäßen durchzogene Haut, die das Auge mit Blut versorgt
11	Netzhaut	Sitz der Lichtsinneszellen, die das Licht aufnehmen
12	gelber Fleck	Stelle in der Netzhaut, an der die Lichtsinneszellen am dichtesten sitzen
13	Glaskörper	Besteht aus gallertartiger, durchsichtiger Substanz und verleiht dem Auge seine Form
14	blinder Fleck	Stelle, an welcher der Sehnerv aus der Netzhaut austritt
15	Sehnerv	Nervenfasern zur Leitung von Reizen (Informationen) vom Auge zum Gehirn
16	Augenmuskel	Muskel zur Bewegung des Auges

2. Hornhaut – vordere Augenkammer – Pupille – Linse – Glaskörper

---

Station 7: Farben sehen — *Lösungen*

2. Die gemessenen Werte werden bei jeder Person anders ausfallen, da die Sehzellen (Stäbchen und Zapfen) im Auge individuell etwas unterschiedlich angeordnet sind. Zwischen beiden Augen einer Person sollten keine großen Unterschiede festzustellen sein. In der Regel ist aufgrund der Anordnung der Zapfentypen auf der Netzhaut folgende Abfolge der Farberkennung zu beobachten: Schwarz/Grau, Blau, Rot, Grün.

3. Je heller der Raum, desto schneller und besser werden die Farben erkannt. Ist der Raum sehr dunkel, so sieht man die Farbkärtchen lediglich als dunkel-, mittel- oder hellgraue Kärtchen. Das liegt daran, dass die Zapfen wesentlich weniger lichtempfindlich sind als die Stäbchen.

4. Wenn es sehr dunkel ist (z.B. bei nur schwachem Mondschein), so sehen wir keine Farben, sondern nur schwarz-weiß bzw. Grautöne, weil nur die Stäbchen gereizt werden; für die Zapfen ist zu wenig Licht vorhanden.

Station 8: Wie entsteht ein Bild auf der Netzhaut? *Lösungen*

1. a) Das Fenster mit Fensterkreuz ist zu sehen, es steht jedoch „auf dem Kopf", ist verkleinert und seitenverkehrt.

   b) Das Fenster mit Fensterkreuz ist auf dem Blatt „auf dem Kopf" stehend, verkleinert und seitenverkehrt zu sehen.

   c) Je dicker die Linse, d. h. je kleiner die Brennweite, desto größer erscheint das Bild.

2.

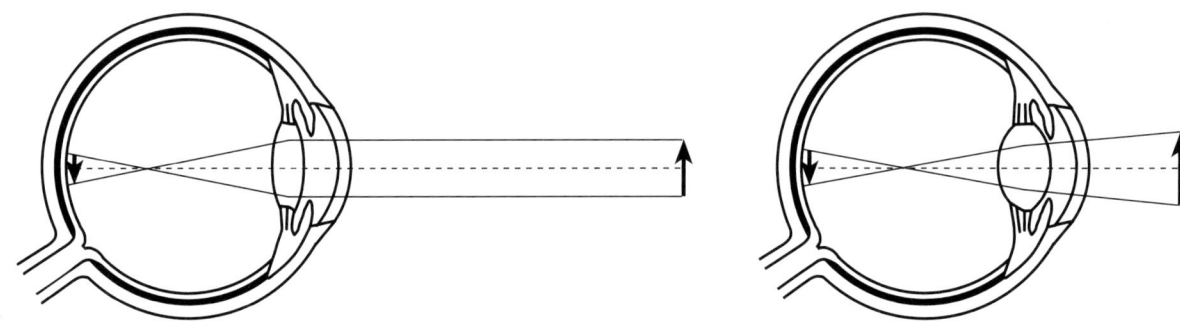

3.

Die Linse im menschlichen Auge ist – wie die <u>Lupe</u> in dem Versuch – eine <u>Sammellinse</u>. Das Bild, das in unserem Auge auf der <u>Netzhaut</u> entsteht, hat somit die gleichen Eigenschaften wie das Bild, das in dem Versuch auf dem <u>Blatt</u> zu sehen ist.

Halten wir die Lupe mit ausgestrecktem Arm und betrachten Objekte in unserer Umwelt durch die Lupe, so sehen wir die Gegenstände <u>verkleinert</u>, <u>seitenverkehrt</u> und <u>auf dem Kopf stehend</u>. Unsere Umwelt wird – ohne Nutzung einer Lupe – auch auf der Netzhaut <u>verkleinert</u>, <u>seitenverkehrt</u> und <u>auf dem Kopf stehend</u> abgebildet.

Unser <u>Gehirn</u> verarbeitet die Informationen, die es über den Sehnerv vom Auge empfängt; es stellt die Gegenstände vom „<u>Kopf</u>" auf die „<u>Beine</u>".

Station 9: Die Wahrnehmung von Bildern *Lösungen*

1. Die Messwerte werden individuell unterschiedlich ausfallen. Auch bei ein- und derselben Person werden die Messwerte nicht immer gleich sein. Das kann zum Beispiel darauf zurückzuführen sein, dass sich ein Trainingseffekt bemerkbar macht oder dass die Konzentration nicht gleich bleibt (z. B. durch Ablenkungen oder durch Ermüdung nach mehreren Durchgängen).
In jedem Fall lässt sich nachweisen, dass es eine gewisse Zeit dauert, bis auf den Reiz (= Sehen, dass das Lineal fällt) eine Reaktion (= Zupacken mit den Fingern) erfolgt.

Hinweis: Man kann den Versuch erweitern, indem man jede Versuchsperson mehrmals mit der rechten und mehrmals mit der linken Hand auffangen lässt. Dabei lässt sich feststellen, dass generell Rechtshänder und Linkshänder natürlich gleich schnell reagieren, das Reaktionsvermögen bei Rechtshändern mit der rechten und bei Linkshändern mit der linken Hand jedoch in der Regel besser ist.

2.

Sinnesorgan Auge (Reizaufnahme)	**afferente Nervenfasern** leiten Informationen vom Sinnesorgan zum Gehirn →	**Gehirn** (Verarbeitung von Reizen)
Erfolgsorgan Muskel (Reaktion)	← **efferente Nervenfasern** leiten Informationen vom Gehirn zu den Erfolgsorganen (z. B. Muskeln)	

Station 10: Die Pupillenreaktion *Lösungen*

1. a) – c)

Versuche	Pupillen-durchmesser (mm)	Bemerkungen	Erklärung
a) Blick mit beiden Augen in Richtung Fenster	ca. 3 mm	Beide Pupillen sind gleich groß.	Die Augen stehen beide unter demselben Lichteinfluss und sind in ihrer Größe so angepasst, dass weder zu viel, noch zu wenig Licht einfällt.
b) Blick in Richtung Fenster nach einminütiger Verdunkelung	ca. 6 mm, dann ca. 3 mm	Die Pupillen sind zunächst recht groß, verkleinern sich aber schnell.	Im Dunkeln haben sich die Pupillen vergrößert; in Anpassung an die plötzliche Helligkeit verkleinern sich die Pupillen wieder.
c) Blick in Richtung Fenster, wenn das andere Auge verdunkelt ist	ca. 3 mm, dann ca. 6 mm	Die Pupillen sind vor dem Abdunkeln des einen Auges zunächst etwa gleich groß. Sobald man ein Auge jetzt abdunkelt, vergrößert sich die Pupille des anderen Auges auffällig.	Offensichtlich versucht das geöffnete Auge, den Ausfall des anderen Auges zu kompensieren (auszugleichen), indem es mehr Licht einfallen lässt und somit mehr Informationen aufnimmt.

Hinweis: Je nach Lichtverhältnissen können die Werte individuell abweichen.

2. Je weniger Licht auf die Augen trifft, desto stärker <u>weiten</u> sich die Pupillen. Je dunkler es also in einem Raum ist, desto <u>größer</u> sind die Pupillen. Dadurch können wir auch bei Dunkelheit recht gut sehen. Durch den Vorgang der <u>ADAPTATION</u> passen sich die Pupillen den gegebenen Lichtverhältnissen an. Dadurch wird gewährleistet, dass nicht zu <u>viel</u> und nicht zu <u>wenig</u> Licht in die Augen fällt: Wir sehen gut und Augenschäden werden weitgehend vermieden.

Station 11: Der Nahpunkt *Lösungen*

2. Der gemessene Nahpunktwert schwankt von Person zu Person mitunter erheblich, wobei auch Alter, Sehfehler usw. von großer Bedeutung sind. Der Nahpunkt liegt in aller Regel umso weiter vom Auge weg, je älter die Person ist. Bei kurzsichtigen Menschen ohne Brille liegt der Nahpunkt näher am Auge als mit Brille; bei weitsichtigen Personen ohne Brille liegt der Nahpunkt weiter weg als mit Brille.

3. Mit zunehmendem Alter verliert unsere Augenlinse an Elastizität. Der Nahpunkt liegt bei Babys und Kleinkindern sehr nah am Auge, weil sich die Linse noch stark krümmen und „abkugeln" kann. Bei Erwachsenen und alten Menschen ist diese Fähigkeit der Linse nicht mehr so stark ausgeprägt; die Linse wird mit zunehmendem Alter immer starrer. Kinder können noch „mit der Nase lesen", während alte Menschen ohne Brille dazu neigen, den zu lesenden Text möglichst weit von sich weg zu halten.

Station 12: Wie wir verschieden weit entfernte Dinge scharf sehen   *Lösungen*

1. Zuerst ist die Bleistiftspitze klar zu erkennen (scharf). Den Fensterrahmen (fern) und den Bleistift (nah) kann man nicht gleichzeitig scharf sehen.

2.

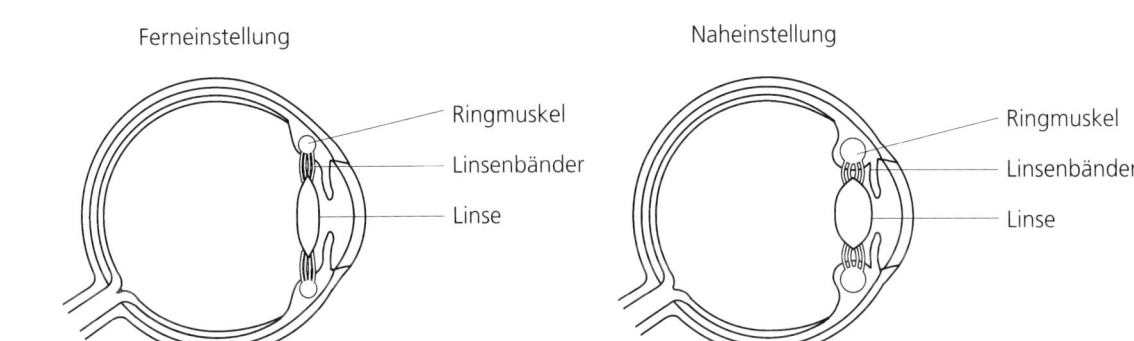

Sehen wir in die <u>Ferne</u>, so entspannt sich der <u>Ringmuskel</u>. Die Linse wird durch die Linsenbänder <u>abgeflacht</u>. Nun ist die **Brechkraft der Linse** <u>schwächer</u>. Betrachten wir einen nahen Gegenstand, so ist die Linse <u>stärker</u> gewölbt; die Brechkraft der Linse ist jetzt <u>höher</u>. Das liegt daran, dass der <u>Ringmuskel</u> stark zusammengezogen ist und die Linsenbänder <u>erschlaffen</u>. Den Vorgang der **Anpassung** des Auges an unterschiedliche Entfernungen nennt man <u>AKKOMMODATION</u>.

Station 13: Sehfehler   *Lösungen*

2. Abbildung links: Beim **weitsichtigen Auge** ist der Augapfel kürzer als beim normalsichtigen Auge. Das Bild eines nahen Objektes entsteht hinter der Netzhaut. Dieser Sehfehler kann durch eine Brille mit Sammellinsen korrigiert werden.
Abbildung rechts: Beim **kurzsichtigen Auge** ist der Augapfel länger als beim normalsichtigen Auge. Das Bild eines entfernt stehenden Objektes entsteht vor der Netzhaut. Dieser Sehfehler kann durch eine Brille mit Zerstreuungslinsen korrigiert werden.

Station 14: Räumliches Sehen   *Lösungen*

1. **Versuchsprotokoll:**
Mit **einem** geöffneten Auge wird es nicht oder nur begrenzt gelingen, die Bleistiftspitzen zueinander zu führen. Mit einem Auge können wir nicht räumlich sehen. Daher fällt es uns sehr schwer, eine Bewegung wie diese durchzuführen.
Haben wir **beide** Augen geöffnet, können wir räumlich gut sehen. Durch die – wenn auch geringe – unterschiedliche Perspektive beider Augen entstehen in jedem Auge verschiedene Bilder, die im Gehirn so verarbeitet werden, dass wir einen räumlichen Eindruck bekommen.

Hinweis: Bei Säuglingen und Kleinkindern muss das Gehirn die räumliche Wahrnehmung sowie die Abschätzung von Entfernungen noch lernen. Deshalb können Kinder bis zu einem gewissen Alter Entfernungen (und z. B. Geschwindigkeiten von Fahrzeugen) noch nicht oder nur sehr eingeschränkt einschätzen.

Station 15: Der blinde Fleck — *Lösungen*

1. c) Bei einem bestimmten Abstand zwischen Blatt und Auge verschwindet das Kreuz und taucht wieder auf, wenn der Abstand zum Blatt vergrößert oder verkleinert wird.

   d) Auch hier verschwindet eine Abbildung – bei diesem Versuch der Kreis – bei einem bestimmten Abstand zwischen Auge und Blatt.

2. Es gibt einen Punkt in unserem Blickfeld, den wir nicht wahrnehmen können. Dies ist der Punkt, der, wenn er auf der Netzhaut abgebildet wird, auf den sogenannten blinden Fleck fällt. Der blinde Fleck ist die Stelle, an welcher der Sehnerv aus der Netzhaut austritt. Hier liegen keine Lichtsinneszellen.

3. Normalerweise nehmen wir diese Lücke im Gesichtsfeld nicht wahr, weil sie durch das Bild des anderen Auges in unserem Gehirn ergänzt wird – die Lücke im Bild des einen Auges deckt sich nicht mit der Lücke im Bild des anderen Auges.

Station A: RICHTIG oder FALSCH? — *Lösungen*

Lösungssatz: SCHUETZE DEINE AUGEN!

Station B: Schüttelwörter und Silbenrätsel — *Lösungen*

1. RINGMUSKEL – GEHIRN – GELBER FLECK – TRAENENDRUESE – HORNHAUT – REGENBOGENHAUT – WIMPERN – SEHNERV – AUGENBRAUEN – GLASKOERPER – SAMMELLINSE – NAHPUNKT

2. Adaptation, Akkommodation, Kurzsichtigkeit, Lederhaut, Lichtsinneszellen, Netzhaut, Pupille, Stäbchen, Tränenflüssigkeit, Weitsichtigkeit, Zapfen

---

Station C: Stehende und laufende Bilder — *Lösungen*

Versuch	Beobachtungen	Deutung
1	Die einzelnen Bilder verschmelzen zu einem „Film".	Wenn einzelne Bilder schnell aufeinanderfolgen, dann können sie nicht mehr getrennt wahrgenommen werden. Wir haben dann den Eindruck eines flüssigen Bewegungsablaufes.
2	Die beiden Bilder überlagern sich.	Wenn die einzelnen Bilder sehr schnell aufeinanderfolgen, verschmelzen sie zu einem Bild.

Hinweis: Die Lichtsinneszellen können maximal ca. 18 Einzelimpulse pro Sekunde abgeben. Bei über 18 Bildern pro Sekunde tritt eine Verschmelzung der Bilder ein, man spricht von der Verschmelzungsfrequenz. Für die Aufnahme von Kinofilmen wird mit einer Frequenz von 24 Bildern pro Sekunde gearbeitet.

Station D: Können Einzeller sehen? — *Lösungen*

1. Ja, meist ist dann die gesamte Zelle lichtempfindlich.
2. Ein breites Gefäß mit einer Euglena-Kultur wird aufgestellt. Durch eine Lampe wird die Kultur von oben (nicht zu grell) beleuchtet. Mit einer Pappe, die an einem Rand ein Loch aufweist, wird die Kultur abgedeckt. Durch das Loch fällt nun in einen Bereich des Gefäßes mehr Licht. Da sich die Augentierchen in Richtung Licht orientieren, sollte sich eine deutlich sichtbare Ansammlung von Einzellern unterhalb des Loches beobachten lassen.
3. Lösungsbeispiel:

Merkmale	pflanzlich	tierisch	Bemerkungen
Chloroplasten	×		Das Chlorophyll in den Chloroplasten ist zur Fotosynthese erforderlich; es ist bei Euglena nur bei längerer Beleuchtung vorhanden.
Zellkern	×	×	Einen Zellkern gibt es sowohl in pflanzlichen als auch in tierischen Zellen.
Geißel		×	Die Fähigkeit zur aktiven Fortbewegung ist ein typisches Tiermerkmal.
Schnelle Reaktion auf Licht		×	Pflanzen reagieren in der Regel eher langsam auf sich ändernde Lichtverhältnisse.
Heterotrophie		×	Phasenweise ernährt sich Euglena – wie die Tiere – heterotroph.
Vakuole	×		In der Euglena-Zelle befindet sich eine (kontraktile) Vakuole; die Vakuole ist eine typisch pflanzliche Zellorganelle.

Station E: Wie verschiedene Tiere sehen — *Lösungen*

1. Beim *Erdmännchen* sind die Augen nach vorne gerichtet. Wenn es Ausschau hält, stellt es sich aufrecht auf die Hinterfüße. Durch die Körperhaltung und -bewegung ist ein guter Rundumblick gewährleistet.
Beim *Krokodil* sitzen die Augen über dem Schnauzenansatz und ragen dadurch auch aus dem Wasser, wenn der Körper und der Kopf weitgehend untergetaucht sind. Dadurch kann sich das Tier unbemerkt der Beute nähern.
Der *Uhu* ist ein nachtaktives Tier. Die großen Augen weisen besondere Merkmale auf, die ihm das Sehen in der Dunkelheit ermöglichen. Die Augen selbst sind zwar unbeweglich, er kann seinen Kopf jedoch bis zu 270° drehen, wodurch sein Gesichtsfeld stark erweitert wird.
Beim *Kaninchen* sitzen die Augen seitlich, wodurch ein Rundumblick ermöglicht wird.

2.

	Linsenauge beim Menschen	Facettenauge
Anzahl der Augen	2	bis zu 28 000 mal 2 (Bsp. Libelle)
Anordnung	nach vorne gerichtet	seitlich am Kopf
Form (außen)	relativ flach	mehr oder weniger halbkugelförmig
Beweglichkeit	beweglich	unbeweglich
Auflösung	sehr hohe räumliche Auflösung, im Verhältnis geringere zeitliche Auflösung	in der Regel geringere räumliche Auflösung, dafür höhere zeitliche Auflösung

Je nach herangezogener Informationsquelle kann die Tabelle noch beliebig erweitert werden.

Station F: Triangolon-Rätsel — *Lösungen*

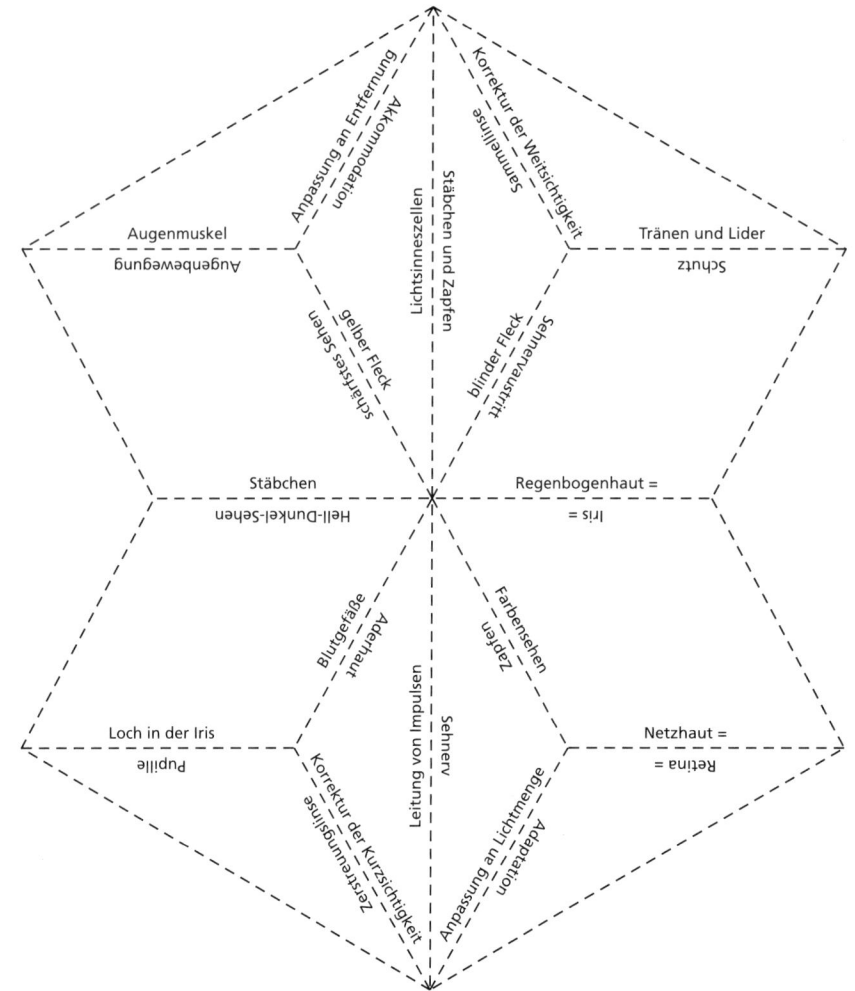

3. Das Bild erzeugt eine optische Täuschung. Die langen Striche sind parallel, wirken aber so, als liefen sie auseinander!

Station G: Spiralrätsel — *Lösungen*

1.

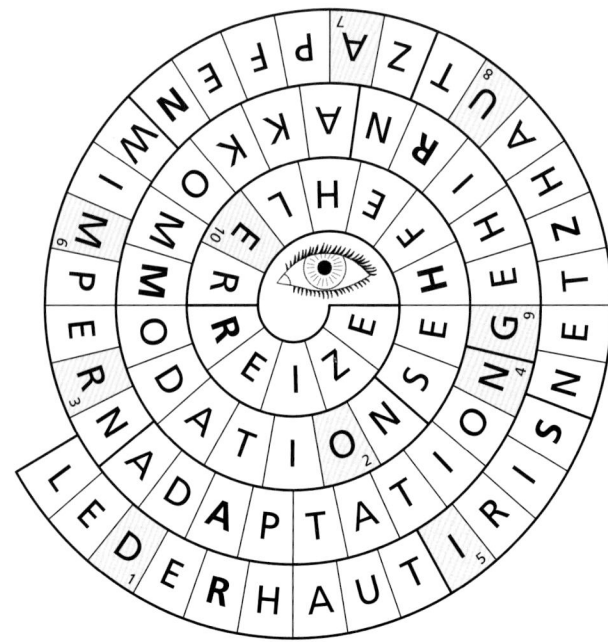

2. Lösung:
DORN IM AUGE

3. Wenn man sagt, dass eine Person einer anderen ein Dorn im Auge ist, so meint man damit, dass sie ihn stört und ihm verhasst ist.

Bildnachweis

S. 12, 19: Weinen © aastock; Shutterstock.com (Nr. 162882353)

S. 13: Blinder mit Blindenstock © Andrey_Popov; Shutterstock.com (Nr. 464544737)

S. 14: Blindenschrift © XiXinXing; Shutterstock.com (Nr. 380349481)

S. 16, 53: konzentrierter Blick © Africa Studio; Shutterstock.com (Nr. 305801345)

S. 16, 46, 53: Lachen © sruilk; Shutterstock.com (Nr. 391682437)

S. 16, 53: Erschrecken © Maridav; Shutterstock.com (Nr. 147671099)

S. 26: Regenbogen © Piotr Wawrzyniuk; Shutterstock.com (Nr. 210462406)

S. 32: Katze tagsüber © digiphot; MEV-Verlag (Nr. 30081001)

S. 32: Katze nachts © Andreas Hilger; Fotolia.com (Nr. 16438122)

S. 33: Lesen © Witschel Mike; MEV-Verlag (Nr. 30051001)

S. 42: Täuschung 1 © Mueller Photodesign; MEV-Verlag (Nr. 60048)

S. 42: Täuschung 2 © Mueller Photodesign; MEV-Verlag (Nr. 60047)

S. 45: Erdmännchen © digiphot; MEV-Verlag (Nr. 49032)

S. 45: Aligator © underworld; Shutterstock.com (Nr. 333773717)

S. 45: Uhu © jurra8; Shutterstock.com (Nr. 109575800)

S. 45: Kaninchen © soultkd; Shutterstock.com (Nr. 356794868)

S. 46: Facettenaugen © Gribkov; Shutterstock.com (Nr. 227430577)

Alle Unterrichtsmaterialien
der Verlage Auer, AOL-Verlag und PERSEN

» **jederzeit online verfügbar**

lehrerbuero.de
Jetzt kostenlos testen!

» lehrerbüro
Das **Online-Portal** für Unterricht und Schulalltag!